コンビニオーナーぎりぎり日記

昨夜10時からワンオペ勤務、夫が来たら交替します

仁科充乃

まえがき――本日で1057連勤

休日*が取れなくなって、今日で1057日目。もう3年近く、1日も休んでいないことになる。

近隣にコンビニが増え、店舗の乱立*で売上げは激減。お客の取り合いばかりでなく、従業員も奪い合いとなり、今では時給を上げても応募者はゼロ。人手も足りなきゃ、人件費も削らなきゃで、オーナーである私たち夫婦は休んでなどいられない。

もう3年のあいだ、休めないのが当たり前*となったら、早朝出勤して、昼ごろに帰宅できたりすると、むしろ罪悪感すら湧く。空き時間に30分ほど本屋にでも行ければ、休日を満喫した気分になる。コンビニの24時間営業が社会問題となり、常連さんたちから「たいへんだね」と声をかけてもらえるようになり、精神的にはずっと楽になった。

休日
前回休んだのは2020年8月のこと。持病のリウマチ（詳しくは後述）が悪化して2日間、寝込んでしまった。

店舗の乱立
日本フランチャイズチェーン協会が公開しているデータによると、日本全国のコンビニ店舗数は5万7544店（2021年度）。主要コンビニチェーンでは、セブン‐イレブン2万1238店、ファミリーマート1万6517店、ローソン1万4601店（2023年3月）となっており、以下、ミニストップ、セイコーマート、デイリー

半年前、わが店から３００メートルほどのところに、コンビニ最大手S社のコンビニが新しく建った。

常連さんが「うち、Sから歩いて1分なのよ。旦那が『ビール買ってきて』って言うから、『ちょいと走って行ってくるわ』って言ったら、『ちゃんと地元のもんのところで買わなきゃ』だって。それでここまで自転車で来たのよ」と言って笑う。ありがたくて涙が出る。

わが店は、コンビニ大手3社のうちの1社「ファミリーハート」（仮称）とフランチャイズ契約を結ぶ、関東地方のT県に位置する郊外店である。店の前に交通量の多い国道が走り、行き交うクルマが立ち寄るのと、このあたりの住民がメインの顧客だ。私は今も現役のオーナーであり、本名を明かすことはできない。

この地に店を出して30年。いつのまにか地元の人々から「地元のもん」と呼んでもらえるようになった。地元のさまざまなボランティア活動を続けてきたことにくわえ、何より毎日店に出て、地域の人々と接してきたことが「地元のもん」と受け入れられることにつながったのだ。

30年前に夫と2人でコンビニオーナーになった当初、私が直面したのは強烈な

ヤマザキ、NewDaysの順に続く。

休めないのが当たり前
コンビニオーナーの1週間あたりの平均店頭業務日数6・3日、年間の平均休暇日数21・3日（月に1・8日）、1週間あたりの平均店頭業務時間44・4時間、年間の平均深夜勤務日数84・7日（月に7・1日）。（公正取引委員会「コンビニエンスストア本部と加盟店との取引等に関する実態調査報告書」（令和2年9月）より）

人間不信だった。
・レジに来たお客が、野良猫にエサでもやるように小銭を放り投げる。
・「お弁当、温めますか？」と尋ねると、レンジのほうを顎でしゃくる（「温めろ」ということらしい）。
・電話に出ると、「レシート見たらスパゲッティーが1つ余計に計上されているぞ。今すぐ家《うち》まで金持って謝りに来いよ！」。
……書き出せばきりがない。* それは私がそれまでの人生で経験したことのない出来事だった。ふだんニコニコと接している知人や友人たちも、もしかしたら裏ではみんなこんな態度をとっているのかと疑いたくなった。

だが、コンビニでの30年間の歳月は私を劇的に変えもした。仕事を理解し、楽しんで手際よくやれるようになった。人が好きになり、服装や身なりなどの見かけでは判断できないことも十分に理解した。眉を剃り、肩から腕へ刺青《いれずみ》を入れた男性と冗談を言い合える。30年前の私からは考えられない変化だ。

今、みんなが食べているもの、読んでいるもの、流行っているもの、そのすべてがコンビニに揃っている。店頭でコンビニの変化をずっと見続けていると、時

書き出せばきりがない
オープンした当初は「コンビニ店員」を下に見ている人がかなりいた。その後、テレビでコンビニ特集などが放送されるようになり、コンビニ店のたいへんさが認知されたためか、横柄な態度をとる人はかなり減った。私の感覚だと、年配者よりも若者のほうが態度が丁寧で礼儀正しい傾向にある。

代の動きまで見えてくる気がする。同じく、人々のものの捉え方、考え方の変化もまたよくわかる。コンビニは日本社会の縮図なのだ。

本書に書かれているのはすべて、コンビニオーナーとしての30年間で実際に私が体験したこと*である。

コンビニを通じての人間模様と社会の変化、そして何よりコンビニオーナーの痛みや喜び、その現実をとくとご覧いただくことにしよう。

実際に私が体験したこと エピソードはすべて私の実体験であるが、コンビニ各社、また店舗ごとに事情の違う点があることはご了承いただきたい。また、登場する人物名はすべて仮名であり、個人の特定を避けるため、一部改変したり、脚色した箇所があることをお断りする。

コンビニオーナーぎりぎり日記●もくじ

第4章　もう少し頑張ってみます

装幀◉原田恵都子（ハラダ＋ハラダ）
イラスト◉伊波二郎
本文校正◉円水社
本文組版◉閏月社

第1章

コンビニ経営、その最前線

某月某日　**夏の苦労**：暗くじめじめしたところで生まれて

一般にあまり知られていないようだが、多くの人々に知っておいてほしいことがある。炭酸飲料の入っていたペットボトルの危険性についてだ。

コンビニでは、お客の飲み終えたペットボトルを回収*している。ペットボトルの回収車は、キャップがついていると持っていってくれないので、店側でボトルのキャップを外す作業をしなければならない。これが結構、手間でたいへんな作業となる。

真夏の暑い時期、ゴミ箱にはびっくりするほどの速さでペットボトルが溜まり、すぐに満タンとなる。狭い店内にペットボトルのキャップ外しのスペースなどない。外へ出て、駐車場の片隅に陣取り、炎天下での作業となる。大量のペットボトルのうち、7割ほどのキャップがきっちり閉まっている。飲み残しが入ったものもある。キャップを外し、中身を捨てねばならないので、キャップがついてい

ペットボトルを回収　ペットボトルも含め、ゴミは専門の業者に回収してもらう。うちの店ではその回収費だけで月3万円ほどかかっている（2023年現在）。ゴミの仕分けなどの手間も考えると、ゴミ箱を設置する店舗側の負担は大きい。そのせいか最近では、店頭にゴミ箱を置かない店が増えてきている。つい先日、お客に「こんな大きなゴミ箱出しているコンビニ、このあたりじゃ

ないボトルの3～5倍の時間がかかる。なかにはギッチリとタバコの吸い殻が詰めてあるものもあり、これだと中身のタバコを振って取り出したうえで、中を洗わねばならない。

ここからがぜひ知っておいてほしいことなのだが、炭酸飲料が入っていたペットボトルのキャップを外すことほど危険な作業はない。

猛暑の中、外のゴミ箱*に入れられたペットボトルの中では残った炭酸飲料が発酵し、破裂寸前になっている。ちょっと外しかけた段階で、ブシュッ！と嫌な手応えがあった途端、バンッツ!!とキャップはあらぬ方向へと飛び出していく。眼球に直撃すれば失明しそうなほどの威力だ。

だから、私たちは炎天下、炭酸飲料用ペットボトルかそうでないかを識別し、炭酸飲料のペットボトルならおっかなびっくり飲み口を誰もいない方向へ向け、顔を背《そむ》けてそろそろと空気を抜きながら外す。こうなると1本につき5～10倍の時間と手間がかかる。

それだけ気をつかっても、かすかに空気が漏れるか漏れないかの段階でバシュッ!!とキャップは飛び出していく。手間なだけではなく、危険なのだ。

ここしかないよ」と言われた。

外のゴミ箱
家から持ってきたであろうペットボトルでいっぱいの袋を抱えて、次々にゴミ箱に放り込んでいる人を見つけた。中身の入っているものもあるようだったので、「中身は捨ててキャップは外していただけませんか」と注意した。その人は表情を変えるとすぐに店に入り、お茶を1本買い、「俺は客だぞっ！　その言い方はなんだ！」とレジで怒鳴り散らされた。

対策として、ペットボトル用のゴミ箱の真横に専用のキャップ回収ボックスを設置した。ファミリーハート専用仕様にはないため、ホームセンターを探し回って購入してきたものだ。さらにゴミ箱の投入口に、私の手描きの絵とともに「キャップは外して捨てましょう」という注意書きポップを貼った。

だが、効果はなかった。今もほとんどのペットボトルがキャップを外さぬまま放り込まれている。

ペットボトルを飲み切って、ゴミをまとめる気持ちでフタをする心理はわからなくもない。でもそのひと手間によって、こちらは手間ばかりではなく、身が危険にさらされている。ペットボトルを飲み終えたあとのひと手間は不要です。どうぞ、フタをせず、そのまま捨ててください。

夏の苦労といえば、梅雨入り前後から始まる小虫たちの侵攻がある。

郊外のロードサイド店であるわが店には、まずはユスリカの大群*が押し寄せてくる。夜、扉が開くと、お客の頭上に数百匹のユスリカが蚊柱を作って攻め込んでくる。

ユスリカの大群
蚊柱を作るのはオスだけで、メスとカップルになれなかったものたちが「玉砕地」として店内へ入り込むらしい。そう考

これがまたハタ迷惑なところで死んでくれるのだ。デザートケースの可愛いスイーツの上、総菜ケースの細かい溝の中、ドリンク剤の棚の奥、弁当の棚、アイスクリームケース……。毎日毎日、通常業務の合間に隙をみてはハタキをかけ、掃除機で吸い、ホウキで掃く。これだけで仕事量は倍増する。

さまざまな対策は試した。電撃殺虫器*、大型扇風機*、蚊取り線香、虫寄らずの薬剤*……。でも、どれもほとんど効果はない。

その日、私はちょうど菓子の棚に入り込んだ小虫をハタキがけしているところだった。

バイトの子がおびえた顔で「マネージャー、お客さまが……」と言ってきた。彼女の後方には、30代半ばの女性客が顔を歪《ゆが》ませて立っていた。

私を認めると、バイトの子を肩で押しのけて、「これっ！」と私の目の前にガム菓子の小箱を突き出す。通常、子どもが10円玉を握りしめて来店し1個ずつ買っていく商品だが、なかにはこうした「大人買い」もある。

中身を少し取り除けて底が見える状態で突き出された小箱には、びっしりとユスリカの死骸があった。

えると憎いはずの彼らが哀れにも思えてくる。

電撃殺虫器　虫を呼び寄せ、バチバチ焼き殺す。黒焦げの死骸がその下にいっぱい落ちている。

大型扇風機　店の入口に設置し、入って来ようとする虫を吹き飛ばす。ただ、来店のお客の髪までも小虫を絡めて吹き上げてしまう欠陥がある。

虫寄らずの薬剤　入口にぶら下げてみたが、まったく効果は感じられなかった。一応しばらくのあいだそのままにしていたが、「魔除けのお札」程度の認識だった。出入口が大きくて広く、煌々と明かりが灯っている店舗の場合であって、一般家庭での効果はわからない。

私は動揺のあまりしどろもどろになる。なぜなら、その箱は、昨日の昼間、私が引っくり返し、小虫を残らずはたき出した箱だったからだ。昨日の昼からわずか1日のあいだに、こんなに大量に入り込んでいたとは……。

「返品*するからお金返して！　こんな汚い店で二度と買わないから！」

密閉性の高い、今の住宅に住む人に、年中ドアが開いているコンビニの事情をご理解いただくのは無理だろう。頭を下げて詫びながら、私は泣きたくなってくる。

梅雨入りし、じめじめと暑い夜はクロバネキノコバエが大量発生する。ユスリカと同じく人害があるわけではないが、ユスリカよりひと回り大きく、黒く、かつ人なつこい。ユスリカよりも厄介なのは、叩くとプツリと白い体液を出して死ぬことだ。

これが通路にびっしりと居座る。真っ白な床が真っ黒になる。比喩ではない。本当に真っ黒になるのだ。ホウキで掃いても、モップで拭いても、掃除機で吸っても、キリがない。ぬぐった先から、空中を漂っていたクロバネキノコバエが、まるで椅子取りゲームで空いた席に座り込むかのように床に舞い降りる。5分も

返品
このときはお客から店への返品。店から業者への返品もある。おにぎりにラベルが付いていなかった。デザートの容器が破損していた。タバコの箱の角が潰れていたなどなど。昔は「返品伝票」という用紙があり、何が、いくつ、どうなっていたのか記入し、伝票の添付が必要で手間がかかった。今は検品時に使う器械でバーコード入力し、返品理由「破損」を選択し、送信すればOK、とかなり簡略化した。

すると元の木阿弥になる。叩き潰せば、床にべっとりと白い粘液が残る。ため息しか出てこない。はぁ……。

「あんたたち、暗くてじめじめしたところで生まれたんでしょ。それなら、一生、そういうところにいなさい。なんでわざわざ明るくて涼しいところへ来たがるの⁉」

そんな愚痴を言ってももちろん彼らに聞く耳はなし。汗まみれになって彼らの残留物をモップで掃除*するしかない。まあ、生まれが暗いじめじめしたところなら、死ぬときくらい、日の目を見たいのは人情か。

モップで掃除
モップやホウキはさすがにないが、店のバケツはオープン時から使っている30年モノだ。「このバケツ、オープンしたときから使ってるんだよ」と、入ったばかりの学生バイト君に話すと、彼は「僕の生まれる前から働いてる、大先輩っすね！」と真面目な顔でバケツに頭を下げた。

某月某日　年中無休：葬式に出るときの作法

コンビニの深夜営業規制の声が上がっている。温暖化対策や青少年の非行防止につながるというのが理由である。温暖化対策はいざ知らず、後者についてはわが店は、この地域の防犯を担ってきたという自負がある。「非行の発生元」とそ

しられた時代から「あるから安心」と頼りにされる時代に変わってきたのは各コンビニオーナーたちの努力の成果だと思っている。

それでも、声を大にして言いたい。「コンビニの深夜営業を規制して」と。夜の1時に閉めて、朝の5時に再開するのでもいい。せめて深夜の数時間、安眠できる時間がほしい。それが本音だ。

この年になって、あらためて自分のやっているこのコンビニという商売の気違い沙汰を思う。1年365日、1日24時間、結婚式があろうが、葬式があろうが、とにかく営業し続けねばならない。しかもそれが一個人の小さな小売店にすぎないのだ。

息子が子ども時分、年に一度は国内1泊旅行ができた。パートさんに1日だけ精算業務をまかせて、ディズニーランドやUSJ、志摩スペイン村などへ連れて行った。

ただ、1泊2日で遊びに出ようと思うと、その前後には通常の倍の仕事をこなさねばならない。

おにぎりの発注*ひとつとっても、ふだんなら20種類の商品を、数時間ごとに見

発注
午前10時までに発注業務を終え、本部へ送信しないと、翌日おにぎりも弁当も何も届かないことになる。1秒でもすぎればアウトなので、9時半から10時になるまでのあいだ、発注係の夫は神経を尖らせている。この時間

直して調整しながら発注している。だが、店を空ければそうした調整はできない。翌日、翌々日の２日分を予測して発注していく。弁当もサンドイッチもいまだ売れてもいない、届いてすらいない段階で、見切り発車*で数十個発注するのは勇気がいる。

遊びに出かけたときにも、行く先々で何度も店から電話*が入る。もうずいぶん前、家族でディズニーランドの「カリブの海賊」に並んでいたとき、ケータイが鳴った。

「マネージャー、すみません。贈答品を購入されたお客さまが、熨斗《のし》紙に名前を書いてほしいと言うのですが、筆ペンで書ける者がいなくて……」

「それじゃ、お客さまに筆ペンをお渡しして、今、書ける者がおりませんので、申し訳ないですが、ご自身でお書き願えませんかと伝えて」

いったん電話を切るが、さっきまでの楽しい気持ちは吹き飛び、バイトの子で対応は大丈夫かと心配がつのる。そして、１分後――。

「どうしても書けないとおっしゃっているのですが、どうしましょうか？」

「下手でもよろしければ、と断って、それでもいいとおっしゃるなら、あなたがはうかつに話しかけられない。

見切り発車
若いころ、パチンコ屋に通いつめていた夫は「コンビニ経営は毎日がギャンブルだ」と悟った。それ以来、「もうこれ以上の賭けごとはしたくない」と言い、一切のギャンブルをやめてしまった。

何度も店から電話
ほかにも「チキンが温まっていないとお客さまが激怒しています」なんて電話が入るのは日常茶飯事で、もう慣れてしまった。仕事から完全に解放されるのは、10年ごとの契約更新によるリニューアル工事で店が閉まっているあいだだけだったといえる。それだって新店舗開店準備にバタバタでゆったりできるわけではない。

丁寧に書いて差しあげて」

そうこうしているうちに順番が来たが、海賊船に乗っているあいだも店が気になってマナーモードに切り替えたケータイ*を握りしめていた。

親戚に結婚式があれば、半年も前から「この日は私たちはいないので、絶対休まないでね」とパートさんやバイト学生に頼み込み、万一の場合を考えて予備スタッフを確保しておかなければならない。

あらかじめ予定のわかっている結婚式はまだいい。先日、叔父が亡くなった。この店を出したときにも何度も足を運んでくれ、あれやこれやと買い物をしていってくれた恩義のある叔父だった。

夫と一緒に葬儀に出席しようとしたが、人手が足りない。休みのバイト学生やパートさんたちに片っ端から電話をしたが、日が迫っていることもあり、みなNGだった。仕方なく、以前勤めてくれていた近所のバイト学生たちに連絡をすることになった。3人目でどうにか人が確保できた。

そうまでして出かけた葬儀だったが、骨上げの最中にケータイが鳴った。

ケータイ
シフト管理をしている者にとっては〝恐怖の必需品〟だろう。肌身離さず持っていて、寝るときには枕元に置いてある。なんと言っても「○○君が来ないんですけど…」にはいつも身が縮む。遅刻常習者なら「またか」だし、遅刻などしたことのない人なら「事故でも起こしたのでは…」と心配になる。

「日比野君が来ないんです」

日比野君はようやく探し当てた元バイト*の学生だ。午後2時に日比野君がシフトに入り、それまで勤務していたパートの三宅さんが退勤することになっている。しかし、日比野君が来ないため、三宅さんが上がれず、困って電話してきたのだ。

「私、2時半までに子どものお迎えに行かないといけないんです……」

すがるような声にせっつかれて、葬儀の席を外し、夫と2人で手分けして、今すぐ入れる助っ人探しが始まった。

15分ほどして、夫が「1人見つかった！」と大きな声を出した。「日下さんが今すぐ店に向かってくれるって！」

ホッと一息ついた瞬間、ポケットのケータイが鳴る。店の番号だ。

「すみません。ちょうど今、日比野君が店に来ましたので、もう大丈夫です」

「……」

結局、日比野君は予定より25分遅れでやってきた。

今、大急ぎで店に向かってくれている日下さんにも時給を払わないといけないだろう。静かな火葬場の片隅、私と夫は顔を見合わせるのだった。

元バイト
地元在住の子たちは常連客となって買い物に来てくれるし、地方の子なら大学の同窓会などでこちらへ来る機会に顔を出してくれたりする。今のバイト学生が「元バイトっていう人たち、よく来ますね」と言う。元バイトの子が、自分の子どもを連れて買い物に来てくれるのはとくに嬉しい。

某月某日　**クリスマスの注意事項**：孤独が身に染みる日

私が学生だったころ、女性の結婚はクリスマスケーキにたとえられた。

「23まではぼちぼち売れ、24に一気に売れる。25になるとほとんど売れなくなり、26すぎたら半値にしても売れ残る」

一種の揶揄《やゆ》だが、私たちの「適齢期」には結構切実で、的を射てもいた。実際、友人の中には23歳で親から見合い話を持ち込まれ、大学卒業と同時に「永久就職」した人もいる。

今、こんな話をすると、学生バイトだけでなく、40代のパートさんですら、「えー、なんですか、それ？」と笑われる。「永久就職」も「結婚適齢期」ももはや死語と化した。

開店して何十回目かのクリスマスがやってくる。23日にはぼちぼち売れていたケーキの販売が、24日にピークを迎える。

今年、予約をもらっているホールケーキは15個。* 24日の午前2時、通常の配達便とは別にトラックで運ばれてくる。店に運び込まれたあと、予約分のケーキを間違って渡すことがないよう、ケーキを確認しながら1つずつ予約票を添付していく。朝10時ごろから昼すぎにかけて、銀行や郵便局など、まとめて予約してもらったところへ配達してまわる。

配達が完了すると息つく暇もなく、15時ごろからチキンを揚げ始める。チキンの販売ピークは16時から20時ごろまでになるので、この時間から揚げ始めないと間に合わない。この日、フライヤーは21時ごろまでフル稼働だ。対応は通常の2人体制ではとても追いつかない。私たち夫婦も応援に入っての4人体制になる。「ファミチキ20枚にプレミアムチキン20本追加！」と随時オーダーが入って、在庫を切らさぬよう体も頭もフル回転だ。

お客が落ち着く21時すぎになると、フラフラのクタクタでクリスマスを祝う気力はもうない。「廃棄」* をつまんで終わり。こんなクリスマスをもう何十回も繰り返してきた。

ホールケーキは15個
最盛期には1日160個の注文を受けたことがある。ここ数年は数もかなり減ってきた。クリスマス用のショートケーキやノエルケーキ類はお客からの事前注文分以外に100個ほど発注している。

廃棄
コンビニでは、通常の「賞味期限」や「消費期限」の手前に「販売期限」が設定されており、「販売期限」を迎えた食品は棚から撤去され「廃棄」となる。「廃棄」については、オープン当初「食べたり、あげたりするのはNG」という通達があり、しばらく守っていたが、他店では「食べたり、あげたり」しているることがわかり、それ以来、私たちが食べたり、パートさんやバイトの子たちにあげたりしている。

クリスマスイブに注意しなければならないことがある。この日には、バイトさんを男女のペアで入れてはいけない。

数年前、ピークが去ってホッと一息し、若い男女のバイトが2人でしゃべっていたところ、1人で来店した若い男性客に怒鳴られた。

「おいっ、おまえら、仕事中に何をイチャイチャしているんだよ！」

これ以前も、来店したお客に男女ペアのバイトが因縁をつけられた、ということが一度ならずあった。

クリスマスイブ、一人身を癒すべく、ビールかスイーツでも買おうとコンビニを訪れたら、レジでの男女の会話が仲睦まじく見え、妬《ねた》みや僻《ひが》みに火がついてしまうのかもしれない。

だから、危険回避のため、この日だけは女の子同士*、男の子同士*のシフトを組むようになった。それ以降、こうした因縁をつけられる事案もなくなった。

クリスマスイブは、一年中で孤独がもっとも身に染みる日なのだろう。

女の子同士
女の子の店員にはセクハラの危険性もある。釣り銭を渡す手を握りしめたり、「彼氏いるの？」などとしつこく質問するスケベ親父がいる。30代のころは私でさえもこうした被害に遭った。そのたび、私は怒りのあまり身を震わせ事務所へ逃げ込んだ。同年代のパートさんが、握られた手をもう片方の手でお客の手ごと包み込み、「あら、あったかーい」と笑顔でそっと外すのを見たときには、心の底から驚嘆した。

男の子同士
ある曜日の夜勤にイケメン君を入れていたら、彼の勤務期間だけ、20～30代女性層の来店が激増したのが「客層調査グラフ」でわかった。年配の女性の常連さんから「あの夜勤の子、可愛いねえ」と言われたことがあり、人気があることはわかっていたが、はっきり数字で出てくると「イケメン侮（あなど）れず」と驚いた。

某月某日　大晦日にだけ使える言葉：私の大好きな魔法

クリスマスがすぎると、すぐに大晦日がやってくる。朝から雪が舞っていた。朝7時すぎに来店した常連の女性客が会計を終えるタイミングで言った。

「今年1年、ここでお世話になったでしょ。だから今日は絶対に来て、お礼を言おうと思ってたの」

彼女に特別なことをした覚えはない。週に5～6回、いつも7時前後にやってきては、おにぎりやらサンドイッチやらを買っていく。

「いえ、お礼を言うのはこちらです。いつも来ていただいて、ありがとうございます。お近くにお住まいですか？」

「いや、通勤の途中に寄っているのよ。家のそばにも会社のそばにもコンビニがあるんだけど、ここ、対応がすごくいいでしょ。だから私、毎日この店に来てるの」

その言葉で初めて、もう2年も続けてきてくれている彼女が近所に住む人ではなく、クルマで仕事へ通う途中わざわざわが店へ立ち寄っていたことを知った。

女性客と入れ替わるように、黒ジャンパーにジーンズ、オールバックの男性が入ってきた。彼もまたほぼ毎日通ってくる常連さんだ。髪の毛はほとんど真っ白だから、もう70代だろうか。穏やかそうな彼とは、いつも一言、二言、言葉を交わす。

「今日もお仕事なんですか？」と問う。

「介護職*だからね。休むわけにはいかないもんね。大晦日だろうと正月*だろうと関係ないよ。ホントに嫌になるよ」

そう言いながらもニコニコと笑っている。

「でも、どこかでお休み、もらえるんでしょう？」

「今年は正月もずっとシフトが入っちゃって、休めない。4日まで働きっぱなしよ」

「私も一緒ですよ。仕方ないから頑張りましょう」と言うと、ハッとした表情に

介護職
常連さんの中には介護職の人が何人かいる。ある介護職の若者は「ほとんどの入居者はお正月に向けて大晦日前には自宅へ帰るんですよ。引き取り手のない人だけが施設に残るんです。人数はうんと少ないので、いつもよりきちんと入居者に向き合えるんです」と教えて

なり、「そうか、コンビニも毎日だよね。仕方ないから頑張りましょう」と私の言葉をなぞった。

過酷な仕事、危険な仕事、長時間の仕事、炎天下や極寒での仕事、ちょっと雨が降れば急遽休みになる不安定な仕事。みんな黙っているとわからないが、一言二言話していく中に、それぞれ悩みや苦しみを抱えて働いていることがわかる。働くことは一緒だが、他人の命を預かり、日々神経をすり減らす介護にくらべたら、コンビニはお気楽かもしれない。

この日にだけ使える、私の大好きな言葉がある。「良いお年を！」だ。欧米の人々ならば「メリークリスマス！」*と言い交わすのだろうが、「良いお年を」には、すべての人が笑顔で言葉を返してくれる。

翌朝は「明けましておめでとうございます」なのだが、これは少しあらたまりすぎていて、仲の良い常連さんでもないと返事を返してもらえない。その点、「良いお年を」にはみんなを気楽に笑顔にさせる力がある。何かに思い悩んだような顔の人も、無表情の人も、せかせかと忙しそうな人も、その言葉を聞くと、足を止め、振り返ってニコッとしてくれる。私の大好きな魔法の言葉なのだ。

くれた。

正月
店を始めたばかりのころ、スーパーも百貨店も食事処も、正月三が日はほとんどが完全休業だった。初詣（はつもうで）や年始まわり帰りの人、さすがにおせちにも飽きたという人で、当店は元旦の昼から3日の夕方まで大賑わいだった。その後、スーパーや百貨店も三が日から「初売りセール」を始め、賑わいは過去の話となった。

メリークリスマス！
レジで接客した、背の高い白人のお客に「Merry Christmas!」と素晴らしい発音で言われたことがある。慣れぬ言葉にどぎまぎしてしまい、咄嗟に何も返せず、引きつり笑顔で手を振るのが精一杯だった。

レジを背にして入口に向かう背中に呼びかける。

「良いお年を！」

振り返った彼が照れくさそうな笑顔で手を挙げる。

「良いお年を！」

某月某日　ヤクザの忘れ物：助けて、駐在さん

店に行くと、レジの内側に黒い小ぶりのアタッシュケースが1つ置かれてあった。

「これ、何？」

「昨夜のお客さまのお忘れ物です」

「えーっ、こんな大きな物、忘れていかれたの？」

連絡先がわかるものがないかと中を開いてみた。

「？？？　これはちょっとヤバイかも……」

なかには名刺や住所録らしい書類が詰まっていて、名刺には誰もがその名を知る暴力団の名とマークが印刷されている。とりあえず、仲良しの「駐在さん」である姫野さんに電話するが、出ない。

様子をみるしかないと事務所に保管したはいいが、その日も、翌日、翌々日も連絡がない。3日後、ようやく連絡のついた姫野さんの指示で、最寄りの警察署に届けた。これで一安心と思ったその晩のことだった。

深夜2時、バイトの加納君からの電話で叩き起こされた。

「アタッシュケースを取りに来た男性が怒っているのですが……」

加納君は電話口でオロオロと脅えている。

「警察に届けたと伝えたら、『俺はヤクザだ。*すぐ取り返してこい』とおっしゃって……」

夫を起こすと、「う〜ん」と腕組みをして考え込んでいる。

どうしようかと思ったが、このまま加納君たちを放置しておくわけにはいかない。上着だけ羽織って、慌てて店へ向かった。

店では夜勤の男の子2人が、レジの中で顔面蒼白の状態で立ち尽くし、向かい

俺はヤクザだ
このエピソードはもう十数年前のこと。暴力団対策法の規制が強化されたこともあってか、ここ10年ほどは「ヤクザ」を名乗ってのトラブルなどは起きていない。以前は某組の事務所が近くにあり、注文されたワインをなかなか取りに来ないので確認してみると、注文した本人が逮捕されていたことも。

合うように180センチを超える長身ででっぷりと太った男が立っている。こんな夜中に若い子たちを脅かしてと腹が立ってきたが、まずは作り笑顔で責任者だと名乗る。

「あんたが責任者か。客の忘れ物なんだから、しばらく店に保管しておけよ。断りもなく、おまえらが勝手に警察に届けたんだから、すぐに取ってきてくれ」

と落ち着いたトーンで迫ってくる。

勝手に忘れていって、そのうえ3日も連絡せずに放っておいて、何が取ってきてくれだ、と思ったものの、こちらも冷静に、3日連絡がなければ警察に届けるのは通常の業務であることを説明する。

だが、男は「とにかく取り返してこい」の一点張り。声を荒らげることはないが、くぐもった低音ですごみがきいている。「取り返したら連絡をくれ」と携帯電話の番号を書き置いて去っていった。

警察署*に連絡すると、すでに署内の暴力団取締りの管轄へ回してしまっており、すべて調べたあとでないと誰であろうと渡せないと言う。

そうこうしていると、午後5時すぎ、男から電話がかかってきた。

＊警察署
深夜営業をしている小売店を集めて講習する「深夜スーパー等協議会」と

「荷物、取り返せたのか？」

警察の話をそのまま伝えるわけにもいかず、とりあえず「落とし主本人である証明がないと渡してもらえないようです」と言うと、それまでの抑えた口調が一変した。

「ふざけるな！　俺はヤクザだ。おまえのところのミスなんだから、責任取って必ずなんとかしろ！」

耳をつんざくような罵声だ。

恐怖感はなかったが、理不尽なことで怒鳴られた怒りで体が震えた。

「警察が恐いんだったら、私が一緒について行ってあげましょうか？」

精一杯の皮肉で返すと、さらに激怒した。

「てめえ、誰に向かって口きいてるんだ！　覚えておけよ！」

一方的にわめき散らして電話は切れた。

すぐに警察署に連絡すると、「何かあれば駆けつけます」と言ってくれて、店へのパトロールの強化も約束してくれた。

ところが、この顛末を知ったバイトの子たちが震えあがってしまった。

いう会が、年に一度、警察署で開かれていた。ある年、刺股（さすまた）の講習があった。「これなら、力の弱い女性でも、刃物を持った犯人を押さえつけることができます！」。講師の警察官が自信満々に言った。講師による実演が行なわれたあと、「では、実際にみなさんに使っていただきましょう」ということで、女性で一番小柄な私が指名された。犯人役の警察官を刺股で力いっぱい押さえつけようとしたが、押し返され、私は刺股ごとずるずると壁際まで後退した。犯人役の警察官の気まずそうな表情が印象に残っている。

「いつあの男が来るかわかりません。マネージャー、今日はこのままずっと店にいてください」

「……」

午後6時に上がるはずだった私は、そのまま翌朝6時まで店に居続けることになった。そのあと7時からは通常のシフトが待っているというのに……。


その翌日、駐在の姫野さん*が約束どおり、パトロールに来てくれた。

「あのアタッシュケースの中にはヤクザの名簿や住所録、建設会社とのやりとりの書類など、貴重な資料が盛りだくさんだったみたいですよ。マル暴がすべてコピーとったと言ってました」

姫野さんは笑顔だが、緊急時に頼りにならなかった彼に恨みがましい気持ちが湧いてくる。

「そんなことよりも、姫野さん、肝心なときに全然電話に出てくれなかったよね」

「じつは年休とって、久しぶりに家族で旅行に行ってまして。すみません」

駐在の姫野さん
店ではいろいろな問題が起こり、駐在さんを頼ることが多いため、歴代の駐在さんたちとはずっと仲良しだ。店の防犯カメラが役立つこともあるし、地域情報を共有したいのはお互いさまなので、持ちつ持たれつの関係ともいえる。とくに姫野さんはこの町に家を構えて住んでいるので家族ぐるみでつきあいがある。

駐在さんも24時間営業、そう思えば、これ以上責めるわけにはいかない。

「でもね、仁科さん、今度またあいうものが入手できたら、まずは僕に渡してくださいね。大手柄になりますから」

「今度また」なんてとんでもない。こんなこと二度と御免だ。

さらに数週間後、警察署から１通のハガキが届いた。

「あなたがお届けになりました下記の拾得物は、遺失者が判明し、返還しましたから通知します。拾得物件／アタッシュケース１個」

それっきり、ヤクザからも警察からもなんの音沙汰もない。

某月某日　コンビニの長い長い一日：仕事は続くよ、どこまでも

早朝４時、夫が来て、前夜21時から夜勤だった私と交替する。夫は、お客の少ないこの時間帯に、精算業務*を行ない、発注を開始する。

２つのレジが交互に長い精算レシートを吐き出し、発注業務を始めた午前６時、

精算業務
精算は、昨日からの丸１日分をレジ内からレシートで引き出すため、少しのあいだレジを閉めねばならず、お客が多い時間帯は難しい。２台のレジを片方ずつ締め、現金や商品券、割引券などの数が合っているか確認する。

バイトの永野君がやってくる。前日の22時からのワンオペ体制がこの時間からようやく2人体制となる。

とはいえ、6時からレジ2台が稼働するほどお客が来店するわけではないので、永野君は店内外の掃除、夫はファミチキなどの揚げ物総菜を作りながらレジ周辺を整えていく。*

永野君が戻ってくる6時40分ころには、レジを2人がかりでこなさねばならぬほど多忙となる。

この時間帯は仕事へ向かう前のお客が殺到し、サンドイッチ、総菜パン、タバコ、コーヒー、新聞などが飛ぶように売れていく。急ぎのお客が多いため、素早い応対が求められる。

常連客の中には「タバコ」とだけ注文する人もいる。お客を見て、「タバコ」=「マルボロメンソールの8ミリのショートのボックス」と判断して差し出す。「マルボロ8ミリのショートのソフトだったか、ロングのボックスだったか」などと迷っていれば舌打ちされる。

好みのコーヒーも、「アイスのカフェオレのMサイズ」などと覚えておいて、

レジ周辺を整えていく
揚げ物担当はお客のレジ対応をこなしながら、レジ袋、箸、スプーン、ストローなどを補充し、さらにコーヒー豆やタバコの補充などをこなす。

店舗横の倉庫
配送用のダンボール、店で使った廃油、空き缶やペットボトルなどなど、店では毎日大量のゴミが出る。それを置くためのスペースとして、店舗の脇に倉庫を設置している。平日、燃えるゴミは90Lのビニール袋に6〜8個出る。ひとりで90Lいっぱいのゴミを捨てていく人もいる。また国道沿いにあるわが店では、土日や祝日になるとバーベキュー帰りのお客がクルマで立ち寄り、生ゴミから不燃ゴミまでがごっちゃになった大量のゴミ袋を捨てていくこともある。10〜15袋になるので、

前のお客が釣り銭をしまっているあいだに、次のお客の顔を見て、レジ前に来たときには即座に準備して出せるようになれば一人前だ。

8時半、永野君は大学へ向かい、交替にパートの佐久間さんがやってくる。9時になればお客の波も少し落ち着くが、この時点でゴミ箱はいっぱいになっているので、佐久間さんはゴミをまとめて店舗横の倉庫*に捨てに行ったあと、決まった時間の温度管理チェック*を行なう。

9時にパート・重原さんが来て、夫とレジを交替。発注は10時までの送信が厳守なので、夫は発注に専念する。

佐久間さんと重原さんは、商品の品出し、前出し、缶やペットボトル飲料の補充、そして昨日の夕刊の返品作業をしたら、溜まったコーヒー豆のカスを捨てる。

10時ごろ、2便*が入ってくる。

同時に雑貨（化粧品、文房具、生活用品、衣料品など）も入荷するので、夫が検品し、並べていく一方、重原さんは店頭のポップやポスターを取りつけていく。

11時ごろには、昼のお客に備えて、揚げ物や焼き鳥の準備。コロナ以前は、おでんもお昼に間に合うように作っていた。

保管する場所がないと店からゴミがあふれ出す。燃えるゴミや瓶・缶は市のゴミ収集車と特別契約をして、ダンボールは一般業者と契約している。

温度管理チェック
近年はHACCP（ハサップ。食品の安全性を確保する「食品衛生管理システム」）に添った衛生管理が厳しく求められるようになった。これまで各店ごとにまかされていたのを、コンピュータに毎回入力することで、確実に点検・確認されているかを本部で把握する。当店ではそれまでノートに記入していたのをコンピュータに入力するようになった。

2便
弁当、おにぎりなどは1日3便入ってくる。1便は夜中の1時ごろ、2便は午前中、3便は午後3

昼は、朝より多種多忙なレジ接客となる。仕事の合間に昼食をとるお客と、近所のお年寄りが混在し、購入される品も朝と一変するのだ。

弁当を温めるか温めないか、レジ袋のサイズと枚数（温かいお弁当と冷たいアイスクリームをどう分けて入れるのか）、必要な備品（箸、ストロー、フォーク、おしぼり）添付、ポイントカードの種類、支払い方法……いちいち確認を取りつつ応対*していく。

13時に佐久間さんが帰宅。交替にフリーターの坂井君が勤務に入る。

昼のピークが去れば、またまたゴミ箱の処理と掃除、商品の補充を行なう。コーヒー豆のカスもほぼ満タンになっているので捨て、フィルターを交換し、豆の補填もしておく。夏以外は中華まん器*の清掃もある。

冬場ならホット缶、夏ならウォークインクローゼットの中の冷たいお茶やジュース、栄養ドリンクやアイスクリームを補充。夕方のピーク前にペットボトルのキャップ外し作業。14時くらいは宅急便やメルカリなどの配達物を持ってくる人も多い。

15時ごろ、3便が入ってくる。重原さんにレジに入ってもらい、坂井君と夫で

時ごろに届けられる。

確認を取りつつ応対
何を聞いてもまったく返事をしないお客もいる。これが結構多い。心の中で「私は自動販売機じゃない！」と毒づきながら、もちろん笑顔で応対する。

中華まん器
肉まんは初夏からお盆に入る前くらいまでわが店では販売を中止する。とくによく売れる冬場は、人の少ない夜中に清掃。春や秋は早朝が売れどきで、昼間はあまり売れないため、昼すぎに洗い、夕方に販売再開する。

夕方のピーク
それまでの時間帯は、個々人が自分の食べたい物を購入していくが、夕方は家族の分のまとめ買いが多くなる。

売り切れた

3便を検品し、棚出し、夕刊も届くので並べる。その後、夫は店内の用度品調達のため、ホームセンターに向かう。重原さんと坂井君は、夕方のピーク*に備えて、揚げ物を大量に作る。

17時、授業を終えた高校生バイト・松岡君と、大学生バイトの田宮さんが来て、重原さんと坂井君が帰宅。夫もこのあたりで帰宅。このころから夕方のピークが始まる。親子連れ、仕事帰りの人、一人暮らしの人が夕食や晩酌用の品を買いに来る。アイスクリームやスナック菓子、アルコール飲料、総菜が主力となる。20時半すぎまで慌ただしい。

揚げ物類は20時をすぎるとぱったりと売行きが落ちる。売り切れた順*からトレーやトングを洗っていく。

夜中に、菓子やカップ麺、栄養ドリンクや飲料、アイスクリームや冷凍状態の総菜などが入ってくるため、片付けやすいよう、思い切り品出しし、場所を空けておく。

高校生の松岡君は21時までしか働けないので時間きっかりに上がってもらう。数年前まではこの時間に夜勤の人*がやってきたのだが、夜勤を雇う余裕がなく

油は夜中も落とさず点けているので、お客から揚げ物が欲しいという要望があれば、その都度少し待ってもらい、作って出すようにしている。

夜勤の人
夜勤では、背の高いスタッフなら必要のない仕事が私にはある。踏み台昇降だ。荷物を片付け、棚に並べる際、背の低い私は最上段の棚に背が届かず、作業に台が必要となる。この踏み台を昇って降りてを一晩に何回繰り返すことか。幼少より虚弱体質だった私が今では1日も休まず働けるのはこの運動のおかげかもしれない。

床やトイレ掃除
店をオープンした当初、床の清掃は大がかりなポリッシャー洗浄マシンをかけなければならなかった。このマシンをかける

なった今では、私が来て入る。22時に田宮さんが上がり、翌朝4時に夫が来るまでワンオペ作業になる。

22時をすぎると、お客の数は少なくなるが、常温便、雑誌、冷凍便、1便、パン……と怒涛の荷物ラッシュがやってくる。冷凍便を放置すれば売り物にならなくなるし、雑誌が届くのを待っているお客もいるため、臨機応変に検品し、品出ししていく。夜勤は、荷物を片付けるのが、一番の仕事。その合間を縫って、床やトイレ掃除*、虫の除去、入口や窓、電話ボックスやポストの清掃、菓子や雑貨の発注、バイトのシフト作成。そんなことをしているうちに朝刊が届き、朝一番のお客のために揚げ物を作り出す。……仕事は果てしなく*続いていく。

某月某日　万引き：警察はまだ来ない

数カ月前から、ものが頻繁になくなりだした*。板チョコが一度に5枚なくなったり、ドラ焼きが必ず毎日1個ずつ消えたり、目につくなくなり方をしだすと、

と、床が光り輝き、反射で店内が明るく見えるようになる。だが機械が大きく重いのだ。小柄な私など、ひとつ間違うと振り回され、腕をねじったり、棚に激突したりしたものだ。今では床材自体が良くなって、月一度の清掃業者による洗浄だけでピカピカに保たれている。

仕事は果てしなく
毎日のルーティーンとは別に、年に2回、季節の棚替え作業がある。春夏物と秋冬物が入れ替わる。夏の虫よけ商品を、手袋やカイロなどの防寒用品に置き換える。真夏にチョコレート類は売れないため、菓子類も季節に合わせて入れ替わっていく。

ものが頻繁になくなりだした
私たちの店では、商品に

「ああ、まただ」とため息が出る。

バイトの子たちにも気をつけてもらい、どの時間になくなるかを見ていると、朝の8時から9時のあいだということが判明した。私がその時間帯の防犯カメラをチェックしてみると、ある女の子が浮かびあがった。小柄な体格で、顔つきには幼さが残る。きっとまだ学生だろう。商品棚に近づき、商品を手に取り眺める。手慣れているのか、ビデオ画面では盗る瞬間は確認できない。だが、その不審な動きは犯人が彼女であることを示していた。バイトの子たちにビデオを見せ、この子の行動に注意するよう伝えた。

「この子じゃないと思います」

バイトの女の子がそう言った。

「可哀想。捕まえないでおいてあげてください」別の子が言う。彼女たちも、こんなに若い子が犯人だなんて思いたくないのだ。

バイトの子たちのためにも、そして犯人自身のためにも、私ができるのは一刻も早く捕まえる*ことだけだ。

ついて、残りがいくつになったから、何をいくつ発注するなどと逐一把握している。だから在庫数が合わなくなると、何が盗られたのかがすぐにわかる。盗られた商品のコーナーを映す防犯カメラをチェックすると、犯人はすぐに突き止められる。

早く捕まえる　コンビニオーナーを30年もやると、万引きはつねにあるというわけではなく、1人現れたのを捕まえないかぎり、その1人がずっとやり続け、どんどんエスカレートしていく、ということがわかってくる。防止策はとにかく早く捕まえることしかないのだ。

この子に間違いないと確信して5日目、彼女が店から出たところで、夫が呼び止めた。万一、振り切って逃げられた場合、夫は若い女の子の腕をつかむことはできないため、私も反対方向からまわり込んだ。

「今、お金を払わないで持ち出そうとしたものがあるよね？」

夫がそう呼びかけると、あきらめたように肩を落として小さくうなずき、促されるままに事務所の中に入った。

「あなたが毎日盗っていくの、ずっと気づいていたんだよ」

話しかけながら、私は泣いてしまう。万引き犯ならもう何十回も捕まえてきた*。でも慣れることはない。私は捕まった当人よりも動揺し、オロオロしながら話しかける。

「あなたがこんなことをすることで大勢の人が傷ついているんだよ。バイトの女の子たちもみんな『この子がそんなことをするはずがない』って言ってたの。食べられもしないほど大量に盗っていくのは本当に欲しいわけじゃないよね」

この春、親元を離れ、1人で生活を始めたストレスか何かでこんなことをしてしまったのかもしれない、などと考えていた。だが、うつむいたままポツリポツ

何十回も捕まえてきた
小学生から80歳をすぎた老人まで、老いも若きも男も女も捕まえてきた。貧しい身なりの人も、ブランド物に身を包んだ人もいた。悲しいことだが、こういう人はしない、なんてことはないのだ。

りと話す彼女の言葉からそうではないことがわかった。

幼く見えた彼女はもう20歳を超えていて、運転免許証も持っていた。両親のことを尋ねると、父親とは別に住んでいて、「母は……」と言いかけて言葉を途切らせた。職場がこの近くにあり、仕事に行く前に訪れては万引きを繰り返した*という。高校生のころから万引きが止められず、もう何度も捕まっているのだとも話した。どうりで手慣れていたはずだ。

「職場の先輩たちがもうすぐこの店に買い物に来るはずなんです。そのときに私が警察に連れていかれる姿を見られたら困るんです……」

「あなたの職場の人たちに知られるようなことはしない。そのときは事務所で待ってもらうから大丈夫」

私がそう言うと心細げにうなずいた。

警察に通報し、到着まで事務所で待つように伝えると、彼女は電話を取り出し、職場に急用で少し遅れる旨を連絡した。その手慣れた様子を見ながら、何をどう話せば、彼女の心に伝わるのか、ほかの店でももう二度とこんなことをしないで済むようになるか……ぐるぐるといろいろな思いが錯綜した。警察がなかなか来

万引きを繰り返した
万引きのほかに「内引き」（従業員による商品や金銭の着服）も何回か経験した。事務所内の事情に精通していなければできない所業なので、内引きは確実に見つかる。「この人なら」と決めて採用した人に裏切られるつらさと同時に、「人を見る目のなさ」を思い知らされる。

てくれず、私は彼女に話し続けた。

「もしかしたら、あなたはご家族のことで人に言えない悲しみがあったのかもしれないね。でも、私たちもそうなの。私たち夫婦も幼くして親を亡くして、あなたの年には両親ともいなかった。だから自分だけ不幸だと思ったらいけないよ。みんなつらいこと、悲しいことを背負って生きてるものだって私は思ってるの」

彼女はうつむいたままだ。警察はまだ来ない。

「あなたは若くて体も健康そうだね。私は年をとってリウマチになったの。*だからびっこを引いてるでしょ。おばさんが店でチョコを1個110円で売っていくらの儲けがあると思う？　商品をどんどん持っていかれたら、生活が苦しくなるの。わかるでしょ？」

びっくりしたように彼女は顔を上げて私の目を見た。そんなこと思いもよらなかったという表情だった。

30分ほどして駐在さんが駆けつけ、その数分後に2人組の制服姿の警察官と、2人組の私服の刑事さんがやってきた。総勢5名の警察官で事務所内はものものしい雰囲気になった。

リウマチになった
詳しくは後述するが、コンビニを始めてからリウマチになった。リウマチはあちこちが痛くなる病で、昨日は足を引きずっていたのに、今日は走っている、でもじつは肩が痛い…と痛みの場所が定まらない。肩や指先の痛みは周囲にわかってもらえず、「何をもたもたしているのか」となり、つらいことも。

事件として訴えるか、と尋ねられた。私たちは２人とも首を横に振った。「ただ」と私は条件をつけた。

「二度とこんなことをしなくて済む*ように、彼女には必ず病院へ行ってカウンセリングや治療を受けるという約束をしてほしいんです」

その10日後、彼女からお詫びの手紙が届いた。これまで彼女自身が盗ったかもしれないと思うだけの金額が同封されていた。住所と電話番号と本名が書かれていることに彼女の誠実さを感じることができた。

某月某日　金曜のお客：それぞれの事情

毎週金曜日の午前中、そのお客はやってくる。白髪まじりのざんばら髪、目のまわりには目ヤニをつけたままの彼女は50代後半だろうか。顔見知りとなったお客はふつう「いらっしゃいませ」と声をかけると軽く頭を動かすぐらいのことはする。ましてレジで毎回親しく話をしていく人ならばなおさらである。

二度とこんなことをしなくて済む　欲しいものを盗って店を出たとしても、あとからビデオチェックでバレ、後ろ指をさされることになるかもしれないし、ネット社会ではその行為が拡散されることだってある。万引きは「割に合わない」犯罪だということを知っていただきたい。

が、彼女は「いらっしゃいませ」を素通り*して、真っ直ぐ前を向いたまま歩いていく。

30分ほど店内を回り、買い物カゴの中を8分目ほどにすると、彼女は右側のレジへ来る。そのとき、そこに私の姿がないとひと悶着起こる。

「マネージャーさんは?」

彼女は小声で尋ねる。

レジにいた者が店内のどこかで働いている私を見つけてくるまで、その人はカゴを抱え、レジから1歩下がった位置で待っている。たまに私が風邪でもひいて家で休んでいたりすると、店から電話がかかってくる。

「しまった! 今日は金曜だった!」と慌てて走って出る。それまで彼女はカゴを抱えて待っている。

「ごめんなさいね。お待たせして」と私がレジに入る*と、ホッとした様子でカゴを右のレジへ出し、やっと少しニコリとする。そして、今度は片手を口元へ当て、周囲に聞かれぬようヒソヒソ声で「マネージャーさん、お一人でやってください」とささやく。

素通り
店を始めたばかりのころ、これが結構こたえた。反面教師として、どんなささやかな触れ合いの場でも、あいさつを交わすことを心がけた。高速道路の料金所、映画のチケット売り場、バスの乗降時、「こんにちは」「ありがとう」と声をかける。ほんの数秒のすれ違いの中に、その人の人となりが見える。コンビニをやって学んだことだ。さわやかにあいさつのできる人でありたいと思う。

レジに入る
レジはこれまでにいったい何回変わったろう。初めのころ、レジの仕様が変更されるのは恐怖だった。使い慣れたボタン（現在はタッチパネル）の位置が少しずれただけでも使い勝手が悪い。ちゃんと間違えず操作できるか、レジが変わるた

「はい、わかりました」わざと明るく大きな声で答え、袋詰めを手伝おうとそばにいるバイトの子に合図して離れさせる。

「今日はいいお天気になりましたねぇ」

私が話しかけると、

「マネージャーさん、さっき外から来られましたが、ちゃんと石けんで手を洗われました？」

カゴいっぱいの買い物をレジ打ち＊し、一番大きい袋を二重にして品物を詰めるまでのあいだ、いろいろな質問が出る。その話の内容や、毎回の彼女の様子から、わかってきたことがある。
▼極度の潔癖症。つねに私に石けんで手を洗ったかという確認をする。彼女自身の手は肌がむけてガサガサであったり、時にはひどく赤むけてテラテラになり、プラスチックの人形の手のようであったりしている。
▼私でないとレジを打ってもらうことができない。ほかの人がレジを打とうとすると、大きな声できっぱりと拒絶する。
▼右側のレジでないとダメ。左のレジを打ったあと、すぐに彼女の対応をしよう

び、不安になった。それでもレジは新しくなるたび、使いやすく、時代に合わせて変わっていった。最近は、「慣れ」の不安だけで、新しくなることに拒否感はない。

レジ打ち
以前、レジに「客層ボタン」があった。レジ打ちの最後に「40代男性」とか「20代女性」などと打ち込む。事務所のコンピュータで見ると、どの時間帯にどの年齢層のお客が多く、何を購入していくのかなど細かい情報がわかる仕組みになっていた。このデータは本部に送られ、解析されて、発注の参考プランを打ち出す仕組みなのだと教えられた。だが、バイトの中には面倒くさがり、「会計ボタン」に一番近い「70代以上」ばかり押す学生がいたので、統計がどこまで正確かは定か

としたら、「左のレジを触ったから、もう一度、石けんで手を洗ってきてください」と言われた。

まだ彼女のことがよくわからぬころ、ずいぶんトラブルが生じた。私以外の者がレジを打とうとして彼女に「やめて！」と金切り声で拒絶されたり、私の横で袋詰めを手伝おうとして手を伸ばした途端、「触らないで！」と断られ、袋ごと新しいのに取り替えてほしいと言われた。そんなことがあるたび、バイトの子たちはバックヤード*で怒ったものだ。

「あの方が帰ったあと、事務所で思いっきり怒鳴ってもいい。だけど、彼女の前では顔に出さず、笑顔で声をかけてあげて」

憤るバイトの子たちに私はいつもそう呼びかけた。

彼女がなんらかの心の病を抱えていることがわかり出しても、拒絶される不快さはなかなかぬぐえるものではない。

そんなある日、私はどうしても外せない用件があり、金曜日に店を不在にすることになった。パートの野々宮さんに「あの方が来たら、私がいないことを伝え

バックヤード
基本的にコンビニは在庫を持たない。弁当やパン、総菜、デザートなどは1日3回運ばれてくる。菓子や雑貨など日足の長い品でも1日おきに入ってくる。少量ずつ何度も商品が届くので在庫のための大きな倉庫は必要ない。ただスナック菓子のように棚に1列5袋しか並ばないようなものは在庫として倉庫へ片付けておくことになる。これら

て、『手を洗ってから、私がやらせていただきます』と野々宮さんが声をかけてみて」と頼んでおいた。

翌日、私の顔を見るなり、昨日勤務のバイトの子が、

「野々宮さん、あの人のレジ打ちさせてもらいましたよ！」

と大声で報告してくれた。

野々宮さんは「きれいに消毒剤で手を洗いますから、どうか私にさせてください」と頼んでみたのだそうだ。バイトの子も応援するように見守っていたという。彼女が野々宮さんを受け入れてくれたこと以上に、スタッフみんなの気持ちが胸に染みて、私は涙がにじんできた。

次の金曜日午前10時半ごろ、いつものように彼女は店を訪れた。雑誌の整理をしていた私が「おはようございます」と声をかけても、おにぎりを前出ししていた野々宮さんが「いらっしゃいませ」と呼びかけても相変わらず反応はない。

右側のレジで私が応対すると、「マネージャーさん、先週いらっしゃらなかったんですね」と彼女から言い出した。

「ごめんなさいね。でも、みんな、お客さまのお力添えができればと考えてます

を置くのがバックヤードで、菓子、カップ麺、飲料、トイレットペーパーなどが並べられている。

から。お気になさらずにどんなことでも言ってください。ぜひ気持ちよく買い物してください」

私がそう答えると、彼女は深々とおじぎし、小さな声で「ありがとうございます。ありがとうございます」と繰り返した。目には涙*が浮かんでいた。

某月某日　引きこもりの子：学生をバイトに雇うワケ

「中卒の子なんて、どこもバイトに使ってくれないよね?」

トラックから荷物を下ろし終えた配送員の藤川雅代さんにそう問われた。近所に住む彼女はファミリーハートの冷凍便の配達員でもあり、店にもよく買いに来てくれる常連さんでもある。母子家庭である彼女のひとり息子が中学を卒業後、進学はしていないということは以前、聞いていた。

「なんで? 今、うちにも中卒で16歳のときから来てくれてるバイトの子がいるけど、すごく頑張り屋でよくやってくれてるよ。中卒だからダメなんてこと、な

目には涙
彼女はこのあとも2〜3年通ってくれていたが、ある日を境にピタリと姿を見せなくなった。彼女の名前すらわからない私には、その後彼女がどうなったのか知るよしもない。

いでしょ」

彼女を励ます気持ちの一方、それは本心でもあった。私の夫は3歳のときに父親を亡くし、中学を卒業するとすぐ親代わりの叔父の元を離れ、働きながら夜間学校*へ通った。その後、自分で働いて稼いだお金で専門学校に入り、いろいろな資格を取ったという。のほほんと親がかりで大学を出してもらった私とは、人生に対する覚悟が違うし、実際仕事も私よりずっとできる。そういう意味でも、私たち夫婦に「中卒」に対しての偏見はまったくない。

「うちの子、優しい良い子なんだけど、中卒で、どこも使ってくれないのよ。本人も自信失くしてしまって。マネージャーさんの店で働かせてもらえないかしら？」

なるほど、そういうことか。

「中卒」に偏見がないとはいえ、そのこととバイトとして雇えるかどうかは別問題だ。うちだってバイトに応募してきた全員を採用しているわけではないし、むしろ私の審査基準は厳しいと自認している。

後日、時間をとって藤川さんと話してみると、息子さんは中学を卒業して以降、

夜間学校
40人が入学したが、1日たっぷりと労働したあと、さらに学校へ通うそのつらさに耐え切れず生徒たちは次々辞めていったという。夫によると、卒業時には結局6人しか残らなかったらしい。

3年のあいだ家から一歩も外に出たことがないらしい。お母さんの説得も頑《がん》として聞き入れず、部屋からもなかなか出てこないという。就職活動をしても中卒が壁になって「どこも使ってくれない」という話ではなかったのだ。

「3年も家から一歩も出ずに、すぐこの仕事というのはいくらなんでもハードルが高すぎると思うよ。*不特定多数の人が次々来て、なかにはいきなり怒鳴る人もいるし、理不尽なことだって言われるよ」

「マネージャーさんのことはよく知っているし、あなたにならうちの子をまかせても大丈夫だと思うのよ。なんとか協力してほしいの」

私は藤川さんを説得するが、彼女は「なんとかお願い」の一辺倒。とりあえず、面接だけはしてみることにした。

約束の日、彼はお母さんの雅代さんと一緒にやってきた。

「面接は彼ひとりでします」と言うと、母子ともに不安そうな顔をしていたが、心を鬼にして事務所の扉を母親の鼻先で閉めた。

中学を出てから3年、母親以外の人とは初めて話すという心細そうな彼に、この仕事はお客を選べず、一人一人に臨機応変に対応せねばならぬこと、突然の遅

ハードルが高すぎる
じつはこれ以前にも、親御さんから頼まれ、引きこもりの子をバイトとして引き受けたことが2度あった。ひとりは、頑張って仕事を覚え、2週間ほどでなんとかまかせられるようになったと思った矢先、突然来なくなり、音信不通となった。もうひとりは、1日来ただけで、翌日は来なかった。父親から謝罪とお断りの連絡があった。

刻や欠勤は絶対に許されないことなどを懇々《こんこん》と話した。

「今言ったことを理解したうえで、頑張ってみると言うのなら、店の者は全員で応援する。でも難しそうなら初めから辞退してほしいの。必死で教えたのに、すぐ辞められたらこっちだってガックリするから」

そう伝えると、腕組みしたまま聞いていた彼はそこでようやく「ま、やってみますかね」とだけ言った。


引きこもりの子・藤川徹也君の勤務初日が来た。

私がまずはレジに入ってもらうよう指示したが、徹也君は怖がった。３年間、自宅から一歩も出ず、家族以外と口をきくこともなくすごしてきたのだから無理もない。徹也君がレジに入る際には必ず私が一緒に付き添った。徹也君は影のようにくっついていた。

自分で買い物*をしたこともなかったためだろう、レジに正確な金額を入力することができなかった。たとえば、５０３５円が打てない。間に０が入ると、どう打ってよいのかわからなくなった。

自分で買い物
「今の小学生って、お金の計算できないよねぇ」とパートさんが言う。小学４年生以上の高学年で、これまでだったら金額を言えば、サッとお金を出せた年代の子たちもここ数年ほど、お金がうまく出せなくなってきた。お釣りを渡しても、あやふやな感じで、ちゃんとわかっていない。スマホの電子マネーが普及して現金を使う機会が少ないためだろう。

通常は最短3日で基本的な業務を教え込み、まずはレジに立たせて、「習うより慣れよ」でやらせていくのだが、彼がひとりでレジに立つまでに1カ月の時間がかかった。

ひとりでレジに立つようになってからも、お客に5000円札と小銭35円を出され、535円と入力して、お釣りが出せなくてパニックになった。千円札を1枚出されたお客の金額を1万円と間違って入力してしまい、8000円のお釣りを渡してしまったこともあった。危なっかしくてこちらも目が離せなかった。通常、2人体制で店を回していくが、徹也君が入る際には必ず3人体制にしていた。

私は徹也君に毎日、課題を与えることにした*。数字をよく間違えていた彼に、自宅で電卓に数字を打ち込む練習をさせ、とにかく数字に慣れさせるようにした。

それからさらに数週間がすぎるころになると、徐々に数字の打ち間違いもしなくなった。

敬語の使い方も知らなかったし、先輩やお客に対する態度もどこかぼうっとしていたのも、徐々に改善してきた。私たちや先輩たちを見て、学んでいったようだった。失敗をすると、頭が膝につくくらい深々と頭を下げて謝った。

課題を与える
その間、何度か「やっぱりうちで働かせるのは難しいよ」と母親に言ったこともあった。だが、本人も母親も決して自分から「辞める」「辞めさせる」とは言わなかった。

だいたいのことができるようになったのを確認して、私は最初面接したときと同じ事務所の椅子に徹也君を座らせた。

「徹也君、これまで君がシフトに入るときには、必ずもう1人つけていたのを知っているよね。ふつうは2人体制でやっているの。でも、徹也君がひとりではレジに立てないから、3人体制でやってきた。1人分、余分にお給料を払ってきたの。もう、誰かを頼らなくても、ひとりで仕事ができるよね」

「ま、やってみますかね」とは言わなかった。両手を膝の上に置き、真剣な眼差しでこちらを見据えながら、しっかりとうなずいた。

その日から、徹也君は、どんないかつい人が来ても、さっと自分からレジに走る*ようになった。それどころか、何かに覚醒したかのように、自分で仕事を見つけ、次々、率先して動くようになった。

これまで従業員みんなでかばってあげねばならない対象だった徹也君が、誰より気づき、誰より動くのに驚いたのは私だけではない。一緒に働いている先輩のバイト学生たちもまた驚いたようだった。自分が気づかないでいる横で、〝引きこもり〟で〝お荷物〟だったはずの徹也君が先へ先へ仕事をする。みんな衝撃を

自分からレジに走る
シフトは2人体制だが、2人のうち、どちらがレジに入るかが決まっているわけではない。「得意不得意」をうだうだ言っていられない状況なので、「今日は私が検品するね」「それじゃあ、僕はレジ入ります」というようにその日の流れで仕事が決まる。

受けたようだった。おかげで私があれこれ指示を出さなくても、全員がとてもよく気をきかせて働いてくれるようになった。これは意外な産物だった。

それから3年後、徹也君は、

「ゆくゆくは建築士を目指して、四国の親戚の家に行くことになりました。たいへんお世話になりました」と申し出た。もうすっかり敬語も身についていた。

「仁科さんところはいつも学生さんが多いね*」

先日、新しく赴任した駐在さんにそう言われた。

「最近のコンビニ、ほとんど学生のバイト、使ってないよ」

たしかにそうかもしれない。学生は、やっと一人前になって安心してまかせられると思うころ、卒業していってしまう。そのうえ、試験や実習、帰省などでよく休む。主婦のパートさんより使い勝手が悪いのはたしかだ。知り合いのコンビニオーナーも「学生は使わない」と言う人が多い。

でも「おせっかいなおばさん」はどうしても初めて「社会」を経験する彼ら彼女らに世話を焼きたくなってしまう。*うまく社会へ飛び立つための第一歩が歩め

学生さんが多いね
彼らはみんな仲良くまとまってくれている。自分の勤務時間外に買い物やコピーなどで店へ来て、レジが忙しそうだと思うと、サッとエプロン（昔はエプロンが制服だった）をつけ、一銭にもならないのに手伝っていくということがよくある。

世話を焼きたくなってしまう
30年ほど前、まだ携帯電話が普及していないころ、バイト学生には学校や友だちへの連絡用に事務所の電話を解放してい

るように上手に育ててやりたくなってしまう。

いずれ若者たちは巣立っていく。* 私たちはいつもそれを応援している。彼ら彼女らの仕事に心から感謝し、祝福の気持ちを持って送り出す。

今も、冷凍便の配達をしてくれる藤川雅代さんから徹也君の近況報告が入る。

「てっちゃん、建築の専門学校に入れたのよ。今は勉強がとても楽しいって」

「学校の合間に近くのコンビニにバイトに行き出したんだって。ホントはファミリーハートへ行きたかったんだけど、近くになくて、歩いて5分のセブンに行くことにしたのよ」

「てっちゃん、クルマの免許取ったんだって。クルマを買うお金はないから、親戚のおじちゃんのクルマを借りて乗り回しているんだって」

「引きこもりの子」は順調に社会へ走り出している。

た。ところがある月、事務所の電話代が3万円を超えた。夫が調べてみると、バイト学生たちがみな深夜に事務所電話で友だちと長電話をしていたことがわかった。世話焼きの私たち夫婦もさすがにこのときだけは真っ青になった。

巣立っていく 巣立っていくバイト学生から「人と接することが苦手だったんですけど、このバイトをやって、本当にいろんな人たちと接してみて、人間が好きになった気がします」と言われたことがある。じつは、これは私の感想と重なる。

第2章

コンビニオーナー、始めました

某月某日　ペンション、温泉、遊園地、コンビニ：夫の夢物語

コンビニ経営を始めたのは1990年代中ごろ、私たち夫婦は30代だった。

なぜ、私たち夫婦がコンビニオーナーになったのか？　そもそもの始まりは、私たちの結婚当時にさかのぼる。

私はT県で生まれ、育った。実父は中学校の、母は小学校の教師で、両親は、大学の児童文学サークルの仲間だった。教師をしながら「文学者」を目指していた実父は私が4歳のとき、30歳で亡くなった。母の再婚相手である養父も小学校の校長だった。親族にも学校の教師が多く、「教員一族」の中で育った私*は大学を卒業したあと、幼稚園の教諭になった。

幼稚園に勤めていたとき、友人とともに訪れた居酒屋で、隣の席で飲んだくれていたのが夫だった。夫は当時、T県のホテルに勤めていた。

「教員一族」の中で育った私
「教員一族」の中で育ったにもかかわらず、私は怠け者で、勉強もできなかった。小学校時代、ク

夫は初対面の人とでも垣根なく、ざっくばらんに話す。私たちにももう何年も前からの知り合いのごとく自然に話しかけてきた。会話しているうちに同い年であることがわかり、話が弾んだ。

「また今度」と約束してその日は別れ、もう一度友人も入れて３人で飲んだあと、２人で連絡を取り合うようになった。

そのころの私は、母が自死*し、葬儀や裁判所での手続きなど目の回るような混乱が一段落したタイミングだった。他愛なくどうでもいいことをとりとめなく話せることが心を落ち着かせた。つきあいを重ねるうちに、夫も幼いころに父親を亡くしていることがわかり、親近感を覚えた。

出会ってから数年がすぎ、夫はプロポーズするとき、

「いずれ、よっちゃん（夫は私をこう呼ぶ）と一緒にペンションを経営するのが夢なんだ」と言った。

プロポーズは嬉しかったが、「夢」の件は話半分に聞いていた。

なぜなら、夫はいつも「このあたりに遊園地でも作ったら人が来るだろうか」とか、「ここに温泉掘って旅館作ったら、大繁盛するだろう」なんて話を思いつ

ラスに貼り出された忘れ物グラフは群を抜いてトップを飾った。それでも本だけは大好きでよく読んだ。帰りの会が終わると、まっしぐらに図書室へ向かい、世界文学全集を1冊借りる。それを夜遅くまでかけて読み切り、翌日返却する。ある日、図書係の子が怒った。「読みもしない本を毎日借りて、返して…いい加減にして!」。引っ込み思案の私は言い返せず、怖かったが、本を借りるのだけはやめられなかった。

母が自死
その半年前、養父が肝硬変で入院し、亡くなった。実父が亡くなり、再婚したとき、母は私に「充乃、今度のお父さんは殺したって死なないくらい頑丈だからね」と冗談めかして言っていた。母はもともと仕事が多忙で、少

いたようにしていたからだ。

ちょうど息子が生まれたころ、クルマで走っていて国道沿いの空き地を見つけた夫が言った。

「よっちゃん、このあたりでコンビニやったらどうだろうか？」

そう言われたとき、私はいつもの夢物語が始まったのだとしか思わなかった。きっとペンションや遊園地や温泉と同じだろう。祖父母の代から親戚縁者教師ばかりの中で育った私にとって、「独立」だの「自営」だのということは思いつきもしないことなのだ。

それからしばらくして、夫が指さしたあの空き地にコンビニが建ち、県内でも有数の売上げをあげているという話を耳にした。

「よっちゃん、コンビニ経営のこと、本気で考えてみない？」

そのとき、夫の中で「コンビニオーナー」の夢物語が、現実の話として意識されていることに気づいた。

夫はコンビニの資料を取り寄せて研究を始めた。夫はひとりで走り始めていた。どうやら今回は本気のようだ。


しうつ気味ではあったが、養父を看取った際はしゃんとしていた。養父の死にショックを受けて、うつを悪化させたのかもしれないが、私にとっては青天の霹靂（へきれき）だった。

父親を幼くして失い、母親をも失った喪失感から、私は人生が苦しくて過酷なものだと思っていた。そんなときに夢に向かって走り始めた夫は、私にとって希望でもあった。

もはやついていくしかない。いや、一緒に走り出してみよう。私はそう決意したのだった。

某月某日　阿漕すぎない？：ロイヤリティーは65％

当時のファミリーハートの契約形態は、大きく「１ＦＣ」と「２ＦＣ」に分けられた。

「１ＦＣ」は、土地も店舗も自前で用意する。自分の土地と店を持つ酒屋のオーナーが時代の波を考え、酒屋をリニューアルしてコンビニに、というやり方が流行していた。

これに対し、「２ＦＣ」は、土地と店をファミリーハートから借りて運営する。

当然、「2FC」のほうが取り分が少なくなる。本部に支払うロイヤリティー*は「1FC」が36～49%だったのに対し、「2FC」は65～70%だったと記憶している。

土地も店舗も持たない私たちは「2FC」での契約となった。ファミリーハートト本部から送られてきた契約内容には、

・2名で専業する
・開業資金として1000万円を用意する
・店舗の内装設備工事、冷蔵施設の設備工事、照明工事などの費用を負担

とあった。

私には親が残してくれた遺産が数百万円*あり、そこに私の貯金と夫の貯金を合わせるとぎりぎり開業資金の1000万円は用意ができた。

この商売をやっていけるのか、私たち夫婦は何度も電卓を叩きながらシミュレーションを繰り返した。

たとえば、店の1カ月の総売上げが月に1800万円で、原価をのぞいた利益が600万円だったと仮定しよう。

この600万円の利益のうち、65%=390万円が本部へのロイヤリティー支

本部に支払うロイヤリティー
月額営業総利益のうち、250万円以下は49%、250万円以上350万円は39%…のように金額に応じて支払うロイヤリティーも変わった。

遺産が数百万円
親を早くに亡くした者は、身寄りもなく貧しい、と思われがちだ。だが、親自身の生活費、老後の蓄えなどが相続人にまわってくるので、「親なき子」である私にはそれなりの財産があった。

払いに消える。次に大きいのはパートやバイトに支払う人件費で、これが１００万円ほどかかる。売れ残り廃棄した商品の仕入れ値は含まれない仕組み（これについては後述する）なので月間の平均廃棄原価が約20万円として、それを引く。そのほかの費用で15万円ほどが引かれ、手元に残るのは計算上では75万円ほどになる。あくまで「うまくいけば」の話だ。

その当時、夫のホテルでの月収が手取りで17万円ほど、私は出産を機に幼稚園教諭の仕事を辞めて、出産後は近所の保育園に「臨時保母」として勤めていて、月の手取りが10万円ほどだった。私たち夫婦がフル稼働すれば収入は増えることになるわけだが……。

ファミリーハートと契約を締結する前、何度もシミュレーションをしてみて、私は最初、本部の取り分が大きく阿漕《あこぎ》すぎると不満に思った。

「1日10時間以上も働いて、こちらの取り分がこの程度というのは少なすぎない？」

私がそう言うと、夫はかぶりを振った。

「考えてもみなよ、商売ど素人の僕たちがイチから教えてもらって、売れ筋もコンピュータで一発でわかって、仕入れ交渉なしで大手メーカーの商品を好きなだけ発注できる。その対価だと思えば、この取り分は十分でしょう」

なるほど、たしかにそのとおり、と人のいい私はそう思ってしまった。

かくして私たち夫婦はファミリーハート本部と契約を結んだ。契約上は、夫が「店長」、私が「マネージャー*」という肩書きとなった。こうしてわれわれはコンビニオーナーとしての第一歩を歩み始めることになるのだった。

某月某日　いよいよオープン：「オープンセール」は本部の利益

店をオープンさせる前には、研修センターで2週間、ファミリーハートの直営店で1週間の研修が義務付けられている。

研修センターでの研修を終え、最寄りの直営店へ通い、夫婦2人での研修が始まった。9時に出勤して、17時に退勤する。昼食時に1時間の休憩がある。ただし、この研修期間中に給料は出ない。それどころか、研修費用を支払わなければ

夫が「店長」、私が「マネージャー」
ファミリーハートは、2人の契約者を立て、夫を「店長」、妻を「マネージャー」と呼ぶように定めている（「2FC」契約の場合）。出入りする配送業者さんもみな、夫を「店長」、私を「マネージャー」と呼ぶ。ファミリーハートにしつけられているのだろうか。

ならない。この間の生活はこれまでの貯金を切り崩してやりくりしていくことになる。

直営店での研修では、私たちと同時期に店を始めるという経営希望者*3組も一緒だった。2組は私たちと同じく2FCで夫婦で運営する人たちで、もう1組は酒屋のオーナーなのだと教えてくれた。

研修内容は、実際に店舗運営しながらの仕事をやってみるというかたちだ。レジ打ちや商品の品出し*、ラベル貼り、接客などをこなすことになる。だが、お客がかなり少ないのと、人手だけはたくさんあるため、1つの仕事を複数人で手分けしてやることになる。品出しやラベル貼りをやり終えてしまい、手持ち無沙汰で店内をブラブラしていた。

T県の国道沿いの空き地。何もなかった土地にみるみるうちに、見慣れたファミリーハートの店舗が形作られていく。店舗の建築が1カ月ほどで終わると、続いて商品の搬入と陳列だ。開店する店舗に搬入・陳列をする専門業者がいるそうで、その人たちが来て、一気にやってくれた。私たちは眺めているだけだった。

店を始めるという経営希望者
各コンビニチェーンのオーナーの平均年齢は53・2歳、平均加盟年数は14・2年、加盟前の事業経営経験はアリ28%・ナシ72%（公正取引委員会「コンビニエンスストア本部と加盟店との取引等に関する実態調査報告書」〔令和2年9月〕より）。

商品の品出し
倉庫にある商品を棚へ持ってきて並べること。「前出し」は、奥へ縦列に並べられた商品をお客が手に取る棚の手前に引き出すこと。「顔出し」は、横や後ろを向いている商品をお客側から見て真正面に戻すこと。

オープン前1カ月は、あまりに忙しすぎて、夫と口をきく暇もないほどだった。夫は私以上の忙しさで、5歳になったばかりの息子に「お父さんはしばらく会えなくなるので、お母さんのこと頼んだよ」と言ったほどだ。連日、銀行、郵便局、税理士、司法書士と走りまわっていた。

オープンの3週間前に、パートとバイトの採用面接*を行なった。１４０件の応募があり、採用面接は初日90人、2日目50名と2日間連続で行なった。

面接が終わるとクタクタに疲れていた。帰宅後、あらためて履歴書を見直してみると、顔写真のない人はまったく思い出せなかった。当然、採用したのは写真を添付してある人だけになった。

パートとバイトあわせて18名を採用することになった。

わが店の場合、基本的に店舗に勤務する人員は2名である。店長である夫と、マネージャーである私をくわえて、総勢20名で「24時間×7日間＝１６８時間」のシフトを埋めていかなければならない。

最初のシフト作り*は本部の担当者に教えてもらいながら、2人で膝をつき合わせて決めていった。パート・バイトに支払う人件費だけで月に１００万円を超え

パートとバイトの採用面接
建設現場の隅にテントを張って特設の面接会場とし、寒風吹きすさぶ中、2日間でパートとアルバイト希望者と次々に面接していった。その多くは4月から近くの女子短大に入学予定の女子高生たちだった。

シフト作り
面接時には、なるべくみ

た。この金額を今後、毎月きちんと支払っていかなければならないのかと思うと、気が引き締まった。

開店時の商品発注は本部にまかせるかたちとなっていた。オープンから3日のあいだは「オープンセール」と称して、商品を割引して販売する。そして宣伝業務の一切も本部が差配してくれた。この当時、わが店の周囲数キロ圏内には一軒もコンビニが存在しなかった。そんな地域に初めてコンビニが出店するわけで、華々しく宣伝を行ない、地域の人たちに存在を知ってもらうための期間であったのだ。ただし、この3日間の売上げはすべて本部のものになるという。このことは私たちも「宣伝期間」として割り切っていた。

オープン当日、親戚一同がどっと来てくれ、みんなで大量に買い物をしていってくれた。知人友人たちも次々に駆けつけてくれた。そして、みんな抱えきれないほど買っていってくれた。商品は置いたそばから次々に売れていった。まさに飛ぶように売れて売れて売れて売れまくった。

直営店での研修の際にはお客1人あたり30秒かけていたのも、その半分以下で

んなが満遍なく平等に入れて、店も順調に回るよう考えて採用しているつもりなのだが、人の予定は変わる。土曜日には希望者があふれてしまう一方、水曜日だけはひとりも入れる人がおらず、「遅れても、早く上がってもいいから」と無理を聞いてもらって穴を埋めたりすることも。シフトを組むのはなかなか難しいのだ。

対応しなければならなくなった。研修と実際とはまったく違っていて、私たちは目の回る忙しさだった。想像を超えるすさまじいまでの忙しさに、脳みそまで痺れてしまった感覚で、オープンの喜びを感じることすらできなかった。

オープン初日からの1カ月は、オープン前を上回る怒涛の忙しさに襲われた。私は一日中レジに立ちっ放しで、夫がどこで何をしているのかさえ見えていなかった。

その間、夫は、ファミリーハートの本部の人から手取り足取り指導を受けながら事務仕事をこなしていたようだ。2人とも、目の前にある仕事をひたすらこなすことに精一杯で、感情すら失っていた日々だ。今となってはただただ忙しかったことしか覚えていない。

オープンから1カ月ほどのあいだは、日ごとに80万円*を売り上げた。

2カ月ほどがすぎ、店も少し落ち着いてきたころ、親戚の叔父さんとの話の中で、「オープン3日間の売上げは本部の取り分*だった」と夫が打ち明けた。叔父さんはオープンセールに3日連続で来店し、そのたびにたくさん買ってくれた。

日ごとに80万円
コンビニ1店舗あたりの1日平均売上げは、セブン‐イレブン約65万５０００円、ローソン約43万６０００円、ファミリーマート約48万９０００円（いずれも２０２０年決算資料を元に算出）。

本部の取り分
売上げ金は必ず毎日本部へ送金する決まりになっており、決まった時間までに送金しないとペナルティが科される。この時代は毎日夫が銀行に送金に行っていた。その後、

夫の言葉に叔父さんががっくりと肩を落とした。

「あんたたちの儲けになると思って無理していっぱい買ったんだよ。先に言ってよ。そんなことなら4日目以降に買ったのに！」

某月某日　心が汚れていく…人間不信と罪悪感

コンビニオーナーになった当初、私が苦しんだのは、長時間の立ち仕事による腰痛でも、人を使う難しさでもなく、人間不信だった。不信というより恐怖といったほうがいいかもしれない。

「早くしろ！」「おかしいだろ！」「どうしてくれる！」

しょっちゅうお客に怒鳴られた。

レシートを渡すと「ゴミなんかよこしやがって」、渡さないと「ちょっとレシートくらいちょうだいよ」。今、目の前にいるこの人が、いつ、何をすると怒鳴り出すかわからない、そんな恐怖感の中で毎日をすごしていた。

店のATMで送金できるようになり、銀行に行くのは両替が必要なときくらいになった。

一方、私の中にはへんな自尊心や優越感*も存在していた。床の上に吐き捨てられたガムを這いつくばってヘラで剥ぎ取りながら、「こんな教養も道徳心もない輩《やから》に頭を下げねばならぬとは……」などと考えていたりした。

それまで私は幼稚園に教諭として勤め、結婚後は臨時保母をしていた。職場では子どもたちと触れ合い、彼ら彼女らを笑顔にすることだけを考えていればよかった。もちろんたいへんなことも多かったが、子どもたちとすごしていると「仕事」をしている充実感を得られた。幼い子どもの笑顔と接する仕事から、見知らぬじいさんに怒鳴られる仕事に急変したのだ。

コンビニの仕事を始めて、私は心が確実に汚れていくのを感じた。

怒鳴り続けるお客に頭を下げながら、心の中では「育ちの悪いやつが」とか「この下郎《げろう》め」などと悪態をついていた。自分が差別や偏見を持っていることもよくわかった。何より悲しかったのは、そうした自分自身の心を客観視することだった。私って、なんて嫌な人間なんだろうと、毎日、思い知らされた。そんな事実を私に突き付けたこの仕事も嫌いだった。

もうひとつ苦しかったことがある。食品の廃棄だ。

自尊心や優越感
それまで幼稚園や保育園で働いていて、親御さんから頭を下げられるばかりで、逆にこちらが頭を下げなければならない機会がなかった。もしかするとそのことが私の中でへんな優越感を醸成することにつながったのかもしれない。

ウォークインクローゼット
大きな冷蔵庫で、ジュースやお酒など、冷たい商品を販売している棚の奥

商品の廃棄時間が来ると、ピンポンパンポン♪とそれを知らせる軽快な音楽が店内に流れる。棚から時間が来た商品をカゴに取り、レジで廃棄入力をして、カゴごとウォークインクローゼット*に入れる。ここに保管しておいた弁当やおにぎり、デザート、焼き鳥、ファミチキなどの廃棄食品はあとでまとめてゴミ袋に入れ込む。ゴミ袋の中で、レシートくずや店内で出たゴミ、お客が捨てていったゴミも一緒くたになる。「まだ食べられる食品」が「ゴミ」に様変わりする瞬間だ。このときの気持ち、まだ十分に食べられるものを捨てる罪悪感について、どう表現すればいいだろうか。

私はよく、これほどまでに大量の食料を捨てた罰*で飢え死にするのではないかと考えた。コンビニを始めてすぐに感じたこの違和感は、30年経った今なお変わることはない。

それでも、不特定多数の、年齢も職業もばらばらの多くの人々に次々接触するこの仕事は、私の経験値を高めてくれた。最初の数カ月は、「コロッケ1個とファミチキ2個にマイルドセブン、でこのパンは温めて……」などと言われると、

が広い倉庫になっている。飲料は急には冷えないので、箱ごとこの中で冷やして保管している。廃棄の食品も悪くならないようにここで保管する。廃棄の食品はバイトの子たちが欲しい分だけ持ち帰ったあと、ゴミ箱へ捨てる。

大量の食料を捨てた罰 お客となる消費者（読者）のみなさまにお願いがある。店は「この時間にこの品がこれくらい売れる」と予測を立てて発注をする。コンビニの商品は、つねに新鮮なものを届けるべく、日に3回運ばれてくる。少しでも新しいものを、と棚の手前の商品を避けて奥の商品を取れば、売れ残り品が増え、廃棄となる。廃棄する食品を減らすため、買い物の仕方を今一度見直していただければ幸いである。

「待って、待って！　3つ以上はわからなくなる！」なんて、青くなっていた私が半年もすると、1時間50人以上のお客の要望を次々に苦もなくこなせるようになった。脳細胞は若いころより間違いなく活発になった。

一緒に働くバイト学生と話すのも自分の心のリセットに役立った。彼ら彼女らが休憩時間に語ってくれる将来の夢や家族への気持ちは、きれいごと抜きに初心に戻れたし、教えられることも多かった。

私は暗中模索のままコンビニオーナーとして走り始めていた。

某月某日　**関節リウマチ**：たまにはこんな日も

ある日突然、右手が上がらなくなった。それまでも少し前から右手がだるいと感じてはいたのだが、急にだらりと下がったままで右手を動かすことができなくなった。オープンして5年がすぎようとしていた。

業務に差し支えるが、なんとか左手だけでこなしながら、「とうとう四十肩が来た」と笑っていたら、数日して元に戻った。それも束の間、数日すると左手が同じ状態になった。その後、膝、足の付け根と痛いところが体中を転々とする。痛む場所に心当たりがない。早いときには数時間、長くても３日もすれば我慢できないほどの痛みはなくなり、別の場所が痛くなる。

近所の内科で診てもらうと膠原病《こうげん》ではないかと専門医を紹介された。そこで診てもらったところ、膠原病の中の「関節リウマチ*」だという。

それまで１日平均10時間ほど店に出ていた私があまり働けなくなってしまった。

時を同じくして、店のすぐ向かいの空き地が整地され始めた。近所の人の話では、そこに新しくコンビニチェーンＣＫ社のコンビニ店が建つのだという。これまで一番近いコンビニは１・５キロほど先に１店舗あるだけだったのだが、すぐそばにライバル店が出現することになる。

このころ、平日の売上げが日に55万円ほど、土日だと70万円ほど、月の総売上げだと２０００万円ほどになった。売上げは県内でも上位らしく、担当のＳＶも「上々です」と顔をほころばせていた。だが、すぐ目の前にライバル店ができるとなれば、この状態が続くとは思えない。そう考えると心配でたまらなかった。

関節リウマチ
自分の体に免疫反応が起こることで、関節の内面を覆っている滑膜（かつまく）に炎症が起こる「自己免疫疾患」。関節のこわばりや痛み・腫れをともない、炎症が長期間続くと関節の軟骨・骨が少しずつ破壊され、関節の変形や脱臼を引き起こす。男女比は１：３〜４で、女性患者が多い。

リウマチはストレスが引き金となって罹患《りかん》するとも聞いた。そう言われれば、なるほど思い当たる。

教師一家で育った私にとって、土日祝日の休みに、春休み、夏休み、冬休みがあるのが当たり前だった。コンビニを始めて、そのすべてがなくなっただけでなく、ゴールデンウィークや正月すら店に出て息子のそばにもついていてあげられないことが大きなストレスになっていた。心身への負担がこんなかたちで現れたのではないかと考えた。

「仕事しないで、なんにも考えず、『たれぱんだ』みたいにだらっとしてたら、すぐ治るよ」と友人たちに言われたが、そうはいかぬのがフランチャイズコンビニ業のつらいところだ。「24時間営業*」で起きているあいだじゅう店の仕事に追われ、店のことを考え続けていると、どうしてもうつうつとしてしまう。

じつは数カ月前、同じ県内のファミリーハートオーナーの幼い娘さんが、お姉ちゃんが通う幼稚園の送迎バスに轢《ひ》かれて亡くなった。連れていた奥さんは目の前で娘に死なれたショックで入院した。事故当日も、葬儀の日も、奥さんが入院してからも、店は1日も休むことなく、営業を続けた。「24時間営業」はそうま

24時間営業
「働き方改革」が言われ出したころ、本部から「24時間営業をやめますか？」と問われた。だが、実際にやめることができたのは、近隣にライバル店がなく、夜間は人が来ない、郊外の工場隣接地や、都心のオフィス街に

でして守らなければならない宿命だ。すると近所から「あんなことがあったのに何事もなく店が開いている」と陰口を叩かれたという。オーナーさんの気持ちを思うと胸が潰れる。

「こんな仕事ばっかりの生活を続けてたら、本当に暗くなってしまう。とにかく出かけるぞ！」

ある日、突然夫はそう叫び、立ち上がった。私が入る予定のシフトには替わりの人を手配してくれていた。

結婚当初、夫は、家の中では縦のものを横にもしない男だった。息子のオムツ替えもただの一度もしたことはなかった。帰宅すると玄関から居間まで点々と靴下、上着、ズボン、シャツと脱ぎ捨ててそのままにしているのだった。

その夫がいつのまにかスーパー主夫になった。洗濯をし、布団を干し、ゴミを出し、買い物に行き、夕飯を作り、食器を食洗機に入れる。いったいどうしてこんなに変わったのか？

コンビニを始めた当初、毎日約13時間の勤務を終えて帰宅後、家事は主婦だっ

ある店舗だけだった。事前調査で「疑似夜間閉店」をした店は、昼間の客数が激減し、他店に取られた客が元どおり回復するのに半年以上かかった、と言われた。私の知っている範囲で、ファミリーハートに限らず、「24時間営業」をやめたコンビニ店はひとつもない。

た時代と同じく私ひとりがすべてを行なっていた。勤務形態は、夫はコンピュータ前に座ってのデスクワーク、私はレジを中心とした立ち仕事で、慣れぬ激務に私は腰を痛めてしまった。這うようにして帰宅し、そのまま起き上がれなくなった私の代わりに、夫は初めて仕方なく台所に立った。

私は寝床の中でその様子を知人宛の手紙に書いた。知人からの返事は、「食事の支度をしてくれるなんて、なんて素敵な御主人なの！　あなたは幸せだ」と夫を褒めちぎった内容だった。その手紙を夫の目に留まるところに置いた。以来、夫は率先して家事を行なうようになり、私のほうが手伝う程度というありさまになった。

そんな夫が私（と息子）を引っ張って出かけた先は友人宅だった。息子の学校を通じて知り合った家族ぐるみの交流のあるお宅だ。

夫がさきに連絡を入れておいてくれたようで、ご夫婦と息子の同級生のお子さんが準備万端整えて、迎え入れてくれた。息子たちの学校での出来事を大笑いしながらしゃべっていたら、いつのまにか気が晴れていった。こんな日もたまには必要なのだ。

リウマチになってから、*知人友人、そして近所の常連さんたちにどんなに支えられていることか思い知らされた。店にも家にも、次々にみんなが顔を出して励ましてくれる。

「大丈夫?」「良くなったの?」「これが効くって聞いたよ」「困ったことあったら声かけてよね」……。

常連さんの中には、新しくできるコンビニに土地を貸す地主の家へ直談判に行ってくれた人までいた。

「近所で2軒もコンビニやったって、共倒れになってしまうでしょ。だから地主さんに考え直してみてって言いに行ってきたんだけど……」

それでどうなったというわけではない。企業の計画を一個人の要望で中止できるはずもなく、「難しいですよ」と追い返された、と教えてくれた。

でも、みんなのその心が嬉しくありがたく、ここ最近、私の心の中に立ち込めていた重苦しい暗雲は千切れて飛んでいった。

リウマチになってから　紹介されたリウマチ専門医は、偶然にも息子の同級生の父親で、奥さんとも顔見知りだった。自宅もすぐ近所だったこともあり、体調が悪化すると個人的に相談に乗ってもらうことができ、病気との上手なつきあい方も教えてくれた。

某月某日 **職場体験学習**：生徒たちの熱い眼差し

今日は、地元の中学校の2年生2名が職場体験学習で来ることになっている。知り合いのPTA会長を介して、中学校の校長より「ぜひ」と頼まれて引き受けたはいいが、なんと小学校からの社会学習の日に重なってしまった。パートさんに1人余分に来てもらって備えている。

朝8時半、まず中学生がやってきた。同じクラスの仲良しだという中学2年の2人組男子。スポーツ系の部活に入っているそうだが、華奢で、線も細く、おとなしい。

まずは彼らにコンビニ店業務のあらましを説明し、掃除の仕方を教えて、店内の掃除*をしてもらう。といっても完全にまかせられるわけではなく、こちらも品出しをしながら、横目で彼らの動きをチェック。

掃除ばかりじゃ面白くないだろうから、続いて雑誌のヒモ掛けの仕方を説明し

店内の掃除
トイレ、店内通路のモップがけ、夜間の虫の来襲が多ければその残骸処理、イートインスペースや駐車場のゴミ拾い、ゴミ箱

ながら本のカッコいい持ち方を伝授。雑誌コーナーへの品出し*をやってもらう。無駄なおしゃべりをすることもなく、言われたことに黙々と取り組む姿勢は好感が持てる。

9時半をすぎて、2便の弁当などが入ってくると、こちらも中学生に付き添ってばかりもいられない。すぐさま2便の弁当の検品と冷蔵ケースへの陳列作業に取りかかる。

そうこうするうち、10時すぎ、小学生の団体がわやわやとやってきた。総勢30名の生徒たちに弁当ケースの前へ固まって並んでもらい、陳列が終わるまで見ているよう伝える。

といっても相手は小学3年生。じっと待っていられないいたずら坊主が3名いて、店内を歩き回る。ほかのお客の邪魔にならぬよう最低限の注意を与えつつ大急ぎで弁当の陳列を片付けてしまう。

それが終わると、並んだ生徒たちに、あらかじめ担任の先生からもらっていた質問を踏まえて、コンビニ店の仕事内容を説明する。

質問コーナーでは生徒たちの真剣な視線が私に集中する。

と吸い殻入れの清掃、窓拭き…仕事は数多い。コロナ禍以降は、お客が直接手を触れる入口、冷蔵庫の取っ手、コピー機やATM、コーヒーメーカーのタッチパネルなどの除菌作業が加わった。

雑誌コーナーへの品出し この当時は、納入される雑誌も大量だった。屈強な若者が3人ほどで運び込み、雑誌の棚の前の通路一列にダンダンダンと私の腰まであろうかと思うほどの高さに積み上げていった。それをほかの荷物の片付けの合間に、一晩かかって棚に並べる。2023年現在では、高齢の配達員が片手でぶら下げてポテッと置いていく。品出しに5分もかからない。出版・印刷業界の苦境はいかばかりだろうか。

「ファミリーハートの中で、何が一番好きですか？」

「えっ、えーと、私は毎日チョコかデザートが欠かせません」

そう答えながらも、いたずら坊主たちが手洗い場で水遊びを始めているのが視界の端に見えて、ほかのお客に迷惑をかけないか心配になる。引率の先生はいたずら坊主たちに気づかないのか、すぐ真横から私の話すのを真剣な表情でビデオに撮影し続けている。

「大人でも漫画を買う人はいますか？」*「アイスクリームでは、何が一番売れますか？」*「届かないところにあるものが欲しい人はどうしてますか？」*……。

可愛らしいクルクルした瞳を輝かせての素朴な質問が次々飛んでくる。

「コンビニの棚の高さも時代背景によって変化します」と説明していると、前列の女の子が手を挙げて、「時代背景ってなんですか？」。

なるほど、小学生には少し難しい言葉だったか。

「えーと、たとえば、女の人の靴のヒールの高いのが流行ったときは、棚はもっと高くなっていて、化粧品は一番上の棚に並んでいたんです」

そう言うと、子どもたちから「ふーん」と感嘆の声が漏れる。


大人でも漫画を買う人はいますか？

今でこそ紙媒体の漫画本を購入するのは大人ばかりだが、店を始めたころは「大人が漫画を読むなんて」という時代だった。そこで小学生から出てきたのがこの質問。「大人向けの漫画もありますし、大人の人も買われますよ」と回答した。


アイスクリームでは、何が一番売れますか？

昔も今も、小学生はやっ

小学生たちを見回しながら話していると、最後列で中学生２人組と、別便の荷物のドライバーさんがこちらを眺めている。

あっ、中学生は自分たちの仕事を終えて手持ち無沙汰で次の仕事の指示を待ち、ドライバーさんは受け取り印をもらうために待っているのだ。それを見ると、私は焦り出し、呂律《ろれつ》が回らなくなってしまうのだった。

小学生は11時に、中学生は12時に帰っていった。

中学生たちは3時間半の立ち仕事がつらかったらしく、途中でへばってしまい、後半はほとんどしゃがみ込んでいた。毎日10時間、店内を走り回っている私にしてみれば、こんな若い子らがと思うが、慣れなければ仕方がないことかもしれない。

嵐が去ったあとの店内で残っていた仕事に取りかかり、夕方になるころにはいつもの倍疲れ、マラソンを終えたあとのように手足がガクガクするほどだった。

はあ、もうこりごり、来年からはせめて小学生の社会学習のほうだけでも辞退させてもらおう、と夫と話し合ったのだった。

ぱり「ガリガリ君」である。

届かないところにあるものが欲しい人はどうしてますか？

「踏み台も置いてありますが、手が届かないときには、お店の人に言ってくださいね。いつでも取ってあげますから」

さて、そんなことから数週間が経ったころ、小学校の先生が店を訪れた。「社会学習」の感想文を届けに来てくれたのだという。

〈時間をとっていろいろ教えてくれて、ありがとうございました〉

〈知らないことをたくさん知ることができて、とても勉強になりました〉

〈コンビニの仕事がおもしろくて、おとなになったらコンビニの店長になりたいと思いました〉

子どもたち自身の文字と言葉で書かれてあった。パートさんやバイトの子たちみんなで回し見して、感想を語り合い笑い合ったあと、店の壁に貼った。

来年度もまた引き受けてみようかな。

某月某日　10年経ちました：改装費用は800万円

10年契約を勧めあげた。ファミリーハートとの契約は10年ごとに更新されてい

く。契約はいったん終わって、次の店舗に変わるという捉え方である。

10年も経つと、コンビニの店舗のありようも時代に合わなくなってくる。

たとえば、1期目のわが店には、宅配便の荷物を預かるスペースがまったくなかった。その間に宅配便の荷物が急増し、預かった荷物の置き場所確保のため、廃車のワゴン車を購入して荷物置き場がわりに使っていたほどだ。

ほかにもトイレは男女兼用で1つだけだったのを男性用・女性用に分けて2つにすることにした。時代の趨勢《すうせい》に合わせて、店舗を使い勝手のいいようにしようとすると、建物の柱だけを残して店内は総取り替えに近い改装を行なわなければならなかった。私たちは本部*から提案された改装自体に不満はなかったが、その改装費用が800万円ほどかかった。10年間でコツコツと積み上げてきた貯金はこれで吹き飛んだ。

そして、この更新時に「1FCのC」という契約に変更した。

土地は本部から借りるが、店舗の内装工事費は自分たち持ちという形態で、本部へのロイヤリティーは48%に下がった。

このころになると、近隣にぽちぽちコンビニ店が建ち始めた。目の前にできて

本部
本部からは、週2日来訪するSV以外に、時にエリアマネージャーが顔をのぞかせる。またごくまれに本社から部長が来店することも。部長の来店時は、数日前から通達があり、エリアマネージャーも事前に店の状態をチェックし、至らぬところがあればSVに指示を出して直す。私たちもピリピリしながらふだんしない壁面まで拭き掃除しながら部長の到来を待つことになる。

いたＣＫ社の店にくわえ、国道を３００メートルほど進むと最大手Ｓ社の店舗、住宅地側に徒歩3分のところにＬ社の店舗ができた。１キロ圏内に4軒のコンビニが林立することになった。

また、従業員の確保もたいへんになってきた。バイトを募集しても集まりが悪い。近隣店との従業員の取り合いというより、少子化の影響のほうが大きいように思う。同時期に、近くの女子大は年々学生数が激減し、このままでは経営が成り立たないと、学生確保のため、共学に変わった。

そうはいうものの、じつは一番売上げが良かったのが、この2期目（11年目〜20年目のあいだ）である。

1期目の10年間は、契約形態が２ＦＣでこちらの取り分が少なかった。さらに、おにぎりが１００円前後の値段設定で、物価自体が安かった。また、「この場所にコンビニがある」という認知度自体が低かったこともあり客足も不安定だった。

2期目の売上げは、平日60万円を切ることはなかったし、土日祝日は80万円を超えた。月の総売上げ高は２０５０万円ほどあり、光熱費や人件費を差し引いた利益は月90万円ほどあった。

人件費も今よりずっと安かった。とくにイベントが開催され、店の前を走る国道の交通量が増える時期には、夜間に２台のレジに１列ずつ、トイレに１列と、店内はぎっしり人の列で埋まった。１日に２０００人近くの人が買い物に来たこともある。しかも２０００人はレジを通った人数だ。５人で来店しても会計が１人なら客数は１とカウントされる。そんな具合だから、床のタイルもすぐに擦り減った。日に１３０万円の売上げがあることもざらだった。

クルマ道楽の夫は中古ながら国産の高級車を買った。「こんな大きなクルマ、要るの？」と聞くと、「よっちゃんはいいだろうけど、僕は〝軽〟じゃ窮屈なんだよ」と笑った。

某月某日　「働かせてください」：ロスジェネ世代の厳しさ

浮浪者のような風体の若者がしゃがみ込み、店の前のゴミ箱*に寄りかかっている。「大丈夫ですか？」と声をかけた。それが小笠原君との出会いだった。

店の前のゴミ箱
現在では店の前のゴミ箱を撤去するコンビニ店が増えている。ＳＶからも「店の前のゴミ箱、そろそろやめませんか」と打診されたこともある。だが、夫は、ゴミ箱を撤去した店を見てまわり、その周辺にゴミが散乱しているのを見て、「ご近所にゴミの迷惑をかけられない」と、今のところゴミ箱撤去を拒否している。

よく見ると丸めた求人情報誌を脇に挟んでいる。事情を聞いてみると、ロスジェネ世代の小笠原君はフリーターで少し前までアルバイトをしていたが、勤め先の店が閉店して職を失い、路頭に迷ったのだという。職を探していて、求人情報誌を見ながら、店の前の公衆電話で面接に応募していたらしい。

身なりは薄汚かったが、受け答えはしっかりしていた。彼の境遇に同情したのと、人手不足が常態化していたこともあり、「うちで働いてみない」と持ちかけた。

即座に真剣な目つきで、「働かせていただけるのであれば、どの時間帯でも構いません」と言った。

別日にあらためて面接をしてみて、人柄にはまったく問題を感じなかった。いや、きびきびした受け答えは「仕事ができる」感じを受けた。彼のような若者もアルバイトを転々としなければならない「ロスジェネ世代」の厳しさを実感した。

まず昼間の勤務で仕事を覚えてもらい、夜勤に入ってもらえば、夜勤者が足りないときに私が入らなくても済むようになると考え、アルバイトとして採用した。

小笠原君は真面目で、言われたことはきちんとこなした。夫が言う仕事の頼みごとは自分が理解するまで聞き返し、復唱して「こういうことですね？」と確認した。伝えたとおり仕事をこなしてくれ、接客態度も勝手に崩すことがないので安心できた。数名の常連さんから「彼の対応、いいね」とお褒めの言葉をもらった。

３カ月ほどすると、夜勤をまかせられるようになった。夜勤では学生バイトがドタキャンすることが頻繁にあり、そのたびに急遽私が夜勤に入ることになっていたのが、彼にまかせる*ことができるようになり、夜も安眠できるようになった。よいバイトが来てくれたと思っていた。

小笠原君には不思議な特技があった。「今週はこれを売ります」と言うと、彼はその言葉どおり必ず売ってくれた。

「今日、間違って、ファミチキ大量に揚げちゃったの。どうしよう……」

「大丈夫です。売りますから」

どういうわけか、本当に売り切ってくれるのだ。

彼にまかせる
かなり前からファミリーハートは「バイトにも発注をさせよう」と推奨していた。毎日の発注を店長だけがやると、店長が休めなくなるからだ。でも発注をパートさんやバイト学生にまかせるのは難しい。週ごとに何百種類も新しい商品が入り、次々入れ替わる。新規商品として入ってきたものが初めの3日でブワッと売れ、その後ぴたりと売れなくなることもよくある。日々、店のお客の好みや動向を注視していないと判断を誤る。商品が売れ残ることの怖さ、責任の重さに、みんな尻込みする。

私だって、パートさんたちだって、みんな真剣に売ろうとしている。「今日は○○がお買い得です！」「只今、揚げたてでーす！」などと一生懸命声を張りあげ、*客寄せをする。それでも売れないときは売れない。当たり前だ。

だが、小笠原君はいつも淡々と「売ります」とだけ言い、本当に売ってしまう。ファミチキだけではない。クリスマスケーキや総菜だって、「売る」と言えば、人の何倍も売ってしまうのだ。

彼が「つくね串を売ります」と宣言した日、私はこっそりと彼の動きに注目していた。どんなふうに売るのだろうか。

小笠原君は、馴染みの常連さんの後ろに回り込み、背中に貼り付くようにして、小声で何かを言っていた。すると常連さんはすすすとレジ前にやって来て、「つくね串を」と注文した。まるで催眠術にでもかかったかのように。

その後も、数名の常連さんの背中に貼り付き何ごとかささやくと、常連さんたちはみな、つくね串を注文していった。私はその様子をあっけにとられて見守っていた。

小笠原君に「売り方の極意」を聞こうかと思った。だが、尋ねたことはない。

声を張りあげ
大きな声を出すには度胸がいる。複雑なレジをさっさと覚える新人も、ただ大声を出すだけのことがなかなかできない。自分ではかなり大きな声を出しているつもりでも、店内には音楽や放送がかかり、冷蔵庫や保温器など什器のモーター音がうなっているため、かき消される。新人には、レジとは反対側の店の隅へ行ってもらい、そこから「いらっしゃいませ！」と声出しの訓練をする。「いらっしゃいませ」と新人君が店の隅から声出しする。「それじゃ、聞こえないよ～！」とレジのベテランパートさんの声が店内に響きわたる。

それを聞いてしまったら、小笠原君の魔法が解けてしまうような気がしたからだった。

某月某日　コンビニバイトくらい……：「ラルク、どう取る？」

「コンビニバイト」というと蔑称《べっしょう》として扱われることがある。「そんなんじゃ、コンビニバイトくらいしかできないぞ」なんて。

しかし、コンビニバイトを侮《あなど》るなかれ。とにかくこなさねばならない仕事の種類が尋常ではない。レジに入っているだけでも仕事の種類は多岐にわたる。通常の買い物対応のほかにも、「宅急便、メール便、メルカリの受付」「ネット通販の支払い」「チケット販売」「ギフトの予約・販売」「代行収納」「預かり荷物のお渡し」「切手やハガキ、レターパックの販売」「市のゴミ処理券の販売」「タバコの販売」「総菜の販売」、季節によっては「年賀状の印刷受付、お渡し」「中元・歳暮の受付」などなど。

これらをこなすためには、物の置き場*をすべて把握しておく必要がある。切手のファイル、ギフトの申込用紙、宅急便伝票、メジャー、ガムテープ、紙の領収書、250種類以上あるタバコの保管先、総菜の保管先*……。

また「宅急便*」と一口にいっても、お客が荷物を持ってきたときの応対も簡単ではない。荷物の大きさ、重さ、届け先の場所、急ぎか時間指定があるかなどを鑑みながら、何で送るのが一番お得か、あるいは速いか、を判断しなければならない。たとえば、厚みはないが重量があるものなら、宅急便より、レターパック*がお得だ。配達状況の追跡サービスもあるのでいつ届くのかも把握できる。ただし「明日までに届けてほしい」というのであれば宅急便を選択。最終的にはお客に選択してもらうので、何がどう違うのか説明しなければならない。

「このサイズでこの距離でしたら、宅急便だと630円で、明日の午前中にお届けできます。お急ぎでないようでしたら、ゆうパックなら620円です。どちらになさいますか?」

自分がきちんと理解していないとこなせない業務なのだ。

物の置き場
一般的なコンビニ店内の商品は3000アイテムあるとされる。お客から問われて、店内のどこに何があるのかを即座に案内できなくては困る。そのためにも、日ごろから、検品や品出し、商品の前出し、顔出し、棚の清掃などをしておくことで、商品の場所も自然と把握できるようになるのだ。

総菜の保管先
総菜は常時20種類以上あり、毎週次々変わる。その作り方、出し方、添付ソースもしっかりと覚えておかねばならない。

宅急便
ヤマト宅急便も、通常便のほかに、「宅急便コンパクト」「ゴルフ宅急便」「スキー宅急便」「往復宅急便」「空港宅急便」、さらに「着払い」か「元払い」か、場所、時間など

リーマンショックのあと、少しして大手の電機メーカーの工場に勤めているという村田さんがバイト求人に応募してきた。村田さんは隣の市の人だった。

「2人の息子が高校生で、これからお金がかかる時期なのに、会社は週3日しか稼働しなくなってしまったんです。会社に行っても、生産ラインは止まっているので、掃除をしたり、草取りしたりするくらいで……。会社からは『副業に行っても構わない』と言われていますが、ご近所の目があるので家の近くでは働きにくくて……」

村田さんは40代半ば、地方の国立大学を卒業後、技術畑一筋で働いてきた人で、レジ打ちなど初めてだった。奥さんが長年、別のコンビニでパートをしていて、「あなた、コンビニバイトならやれるんじゃない？」とお尻を叩かれたのだと言う。

年齢的にも難しいのではないかと思ったが、どうしてもとすがられ、週3日のバイトに入ってもらうことにした。

村田さんは人当たりは良く、お客の好感度は高かったが、なかなか業務が覚えられなかった。

を尋ねながら受け付けていかねばならない。むき出しのままでは持っていってくれないので、所定の袋を購入してもらう場合も。所定でなくともよい荷物なら、こちらで見繕って、紙袋や包装紙をサービスする。あと数センチ小さければ1つ下のサイズにできる、というときは、お客に断って、ガムテープで圧縮して対応する。

レターパック
レターパックにも、厚さ3センチ、重さ4キロ以内なら「レターパックライト」、厚さ3センチ以上、重さ4キロ以内なら「レターパックプラス」、厚さ2センチ・重さ1キロまでなら「スマートレター」と、種類がある。

ひとたびレジに入れれば、

「ラルク、どう取る?*」

「ソフィア、頂戴*」

……次々にやってくる問い合わせに戸惑うばかり。

ちょうど息子が高校生で、その同級生たちが何人かバイトに来てくれていた時代だった。みんな、自分の父親と同年代の村田さんに何度同じことを聞かれても、親切に根気よく教えてくれていた。

2カ月がすぎ、おおよその業務をようやく身につけたころのことだった。

代行収納の依頼を受けて、そのやり方がわからなかった村田さんがレジ内で立ち往生した。品出しからかけつけたバイトの女の子が
「もういい加減、代行収納くらいわかってくださいよ!」

と声を荒らげてしまった。代行収納の用紙は、支払うものや、発行される地域により、形態がさまざまなので、見慣れないうちは何がなんだかわからず、レジに慣れぬ者が混乱するのも無理はないのだが……。

どの業務もひとりでこなせ、戦力として安心してまかせられるようになり、

ラルク、どう取る?

「ラルク」とは、ロックバンド「ラルクアンシエル」の略称。「どう取る」というのは店内にあるマルチコピー機でのチケットの取り出し方である。

ソフィア、頂戴
「ソフィア」はタバコの銘柄。同名のロックバンドの場合もあるため、お客の年齢や風体などから「ロックバンドのチケット」か、「タバコの銘柄」かを判断しなければならない。最近では「トウリベのアクスタある?」というのがあった。「トウリベ」とは「週刊少年マガジン」の連載マンガで、テレビアニメ化、実写映画化もされた人気作品『東京卍リベンジャーズ』の略称。「アクスタ」とはアクリルスタンドの略称。

すっかり頼りにするようになったころ、本業のメーカーのほうも業績が回復し、工場も稼働するようになり、辞めることになった。

最後の日、村田さんが言った。

「コンビニの仕事がこんなにたいへんだとは思っていませんでした。面接で『レジ経験なしに40代では難しい』と言われたときは、『コンビニバイトくらい』って思っていたんですけど、実際にやってみてよくわかりました」

２０２３年現在、覚えるのに苦労するのは支払い方法だ。

現金、ギフト券、商品券、クオ・カード、クレジットカード、ポイント支払い、デビットカード、iD、Edy《エディ》、WAON《ワオン》、Tマネー……。「〇〇ペイ」の中だけでも、ファミペイ、ペイペイ、楽天ペイ、メルペイ、クイックペイなどがあり、その操作方法も「機械にかざす」「スリットに通す」「スキャン」「暗証番号の入力」と多様な形態がある。そして、やっかいなことにレジ側の操作ボタン*はみな違うのだ。これは年配者だけではなく、若者ですら覚えるのに手こずる。

会計時、イヤホンをした若い女性客が「カード」とだけ言い、手にしていた

レジ側の操作ボタン
今から2～3年前は、操作の順番まで細かく決まっていて、ポイントカードでの支払い後、不足分を現金で、ということができなかったり、カード内の残高が足りないとその場でチャージができず行き詰まったりといったトラブルも多く、たいへんだった。今ではかなり改善されてきて、順番まで細かく覚えていなくとも会計操作はできるようになって助かっている。

カードをいきなり機械に突っ込む。こちらの操作前なので「読み取り不能」だ。

「申し訳ございません。一度カードを抜いていただけますか？　こちらでボタンを押さないと機械が作動しないものですから」

「……」イヤホンをしているせいで、こちらの声が聴こえておらず無反応だ。再度、大声で「カードを抜いていただけますか」とお願いする。

ようやく気づいた女性客はチッと舌打ちしながら、不機嫌そうにカードを抜き取る。

「お支払いはクレジットですね？」

「いや、ポイント！」

「ポイントでお支払いされますか？」

「だからぁ〜、支払いはペイペイで、Tカードにポイントつけてくれない！」

お客さま、「カード」の一言でそこまで理解するのは、いくらなんでも無理でございます！

某月某日　「コンビニ会計」の仕組み：廃棄ロスはつらいよ

２００９年、コンビニ業界最大手セブン‐イレブンの本部に対して、公正取引委員会が加盟店への値引き制限の改善を命じた。「弁当、おにぎりなどを賞味期限前に値引きして見切り販売するのを禁ずることを止めなさい」という命令である。

これがどういうことかを説明するためには、コンビニという商売のシステムをご理解いただかなければならない。

コンビニ本部は、店頭での欠品を嫌う。* 商品を切らすことがないように指導する。来店したお客は、商品が何一つ欠けることなく並んでいる棚から、欲しい商品を選んで買う――これが本部の望むベストな売り場である。

しかし、この状態を実現するのは難しい。理想どおりの売り場を維持しようとすれば、間違いなく多くの売れ残りが出る。これをコンビニ業界では「廃棄ロス*」と呼ぶ。「廃棄ロス」は本部ではなく、コンビニオーナー側の負担となり、

店頭での欠品を嫌う
本部は、商品が欠品してお客が買えない状態＝「機会ロス」を嫌がる。機会ロスが客離れを生み、客離れが販売量の減少を呼ぶ悪循環に陥る、というのが本部の主張である。また商品が豊富に陳列されていることがお客の購買意欲を高め、売上げにつながると捉えている。SVはよく「廃棄は投資ですよ」などと言った。

廃棄ロス
環境省「スーパー及びコンビニエンスストアにおける食品廃棄物の発生量、発生抑制等に関する公表情報の概要」（２０１３

オーナーを苦しめる。

ここからは、ぜひみなさんもコンビニオーナーになったつもりでお考えいただきたい。

オーナーであるあなたが原価70円のおにぎりを10個注文したとしよう。

店頭で1個１００円で販売して、８つが売れ、２つが売れ残った。商売としては上々だろう。

・売上げ：１００円×8個＝８００円
・原価：70円×10個＝７００円
・粗利：８００円－《マイナス》７００円＝１００円

わが店のロイヤリティーは48％なので、

・本部へのロイヤリティー：１００円×48％＝48円
・わが店の利益：１００円－《マイナス》48円＝52円

おにぎりを8個売って、本部に48円払い、自分たちは52円の利益を得る……はずである。

ところが、こうはならない。それがいわゆる「コンビニ会計」と呼ばれるもの

年発表）によると、コンビニ各社の1店舗1日あたりの生ゴミの発生量は、セブン・イレブン14・7キロ、ローソン15・2キロ、ファミリーマート15・9キロ。全店舗では、セブン・イレブン5・8万トン、ローソン4・6万トン、ファミリーマート4万トン…驚愕すべき量の食品が廃棄されていることになる。

の仕組みである。「コンビニ会計」には「廃棄分は原価に含まない」という決まりがある。「売れ残り」は原価ではないのだ。

それでは「コンビニ会計」に当てはめて、さきほどの計算をし直してみよう。

・売上げ：100円×8個＝800円
・原価：70円×8個＝560円
・粗利：800円－560円＝240円
・本部へのロイヤリティー：240×48％＝115・2円
・わが店の利益：124・8円

一見、本部のロイヤリティーもわが店の利益もともに大幅に増えて「ウインウイン」のように見えるだろう。ただ、「廃棄ロス」はすべて店舗の負担になるという点を見逃してはならない。

つまり、わが店の利益「124・8円」から、廃棄となったおにぎり2個分の原価「140円」が差し引かれ、15・2円のマイナスが生じる。

おにぎりを10個仕入れて8個売り2個廃棄すると、わが店は15・2円の損をすることになる。ただし、本部のロイヤリティーだけは増えたままである。

賢いオーナーであるあなたなら、きっとこう考えるだろう。

「廃棄にするくらいなら値引きしてでも売ってしまおう」

しかし、本部は値引き販売を認めていない。* 値引き販売を行なおうとすれば、「契約違反だ」と加盟店に警告する。公正取引委員会の改善命令は、この警告をするのをやめなさい、ということなのである。

大手のコンビニチェーン本部では、大量に商品を発注するようにフランチャイズ店に圧力をかけるところもあると聞く。

では、ファミリーハートと契約しているわが店ではどうだろうか？

経営期間も長くなったためか、本部からの指導に強制も締め付けも感じない。

菓子や雑貨類は、2期目の半ばごろから半値処理にしても良くなったが、弁当、おにぎり、サンドイッチなどの中食品の値下げはつい最近、２０２０年ごろまでは決して許されなかった。ところが、ここ1～2年でそれも緩和され始め、今ではSVが「10円引き」「30円引き」「50円引き」「１００円引き」のシール* を持ってきて、「どんどん貼って、売り切っちゃいましょう！」と煽ってくる。私の知る範囲では、ファミリーハートのフランチャイズ店で本部に弁当やおにぎりの値

本部は値引き販売を認めていない
本部が値引き販売を認めないのは、ブランドイメージを維持するためでもある。「ひとつでも値下げすると、そこから値崩れして、お客さんが安売りを待つようになりますよ。お客さんのレベルも下がってきます。スーパーじゃないんだから、コンビニでは弁当やおにぎりの安売りは絶対しません」SVの言葉は耳にこびりついている。

シール
「エコシール」と呼ばれ、期限が迫った商品、あるいは季節の棚替えで棚からはみ出す商品に、どれでも、なんでも、自由に、店の判断で貼ってよい、ということになった。これまで棚の奥へ手を伸ばして新しい商品を買っていたお客が「エコシール」の貼られたおにぎり

引き許可交渉をしたという話は聞かない。

発注担当者（わが店では夫）は、曜日、天候、地域の行事、昨年までの売上げなどを見つつ発注を行なう。弁当など販売期限の短い商品は1日3回入荷するので、どの時間に何がどれだけ売れるかの予想を立てて、廃棄ロスが極力出ないよう調整を考える。お昼のピーク時をすぎた2時から、次に弁当が入荷される2時半までの30分間は棚がほぼ空っぽ状態になっていることもある。発注の仕方には責任とプライドがあるし、それでいいと考えている。

本部から発注の強制をされ、売れる見込みもないのに大量に仕入れさせられたうえ、「廃棄ロス」の負担*を負わされるのなら、加盟店の反発も当たり前だ。

某月某日　立てこもり事件：総勢10名のてんやわんや

日曜朝7時、夫からケータイに着信。

「朝の4時ごろから女子トイレに若い女の子が入ったきり出てこないんだけど

やパンを手前取りしてくれる。無駄な廃棄がぐんと減った。

「廃棄ロス」の負担
2023年現在、廃棄ロスについては、本部から「廃棄ロス分担金」名目での補助が出るかたちになった。店舗ごとで、月額の廃棄ロス10～30万円未満については10％、30万円以上に15％の助成金が出されている。本文の計算に当てはめると、おにぎり10個を仕入れて8個が売れ、2個が廃棄となった場合（月額の廃棄ロスが30万円未満として）、おにぎり2個分＝140円の10％（14円）が助成される。

……」

店に走る。女子トイレをノックするが反応なし。倒れていたらたいへんと、

「お客さま、大丈夫ですか!?」

と声をかける。

「大丈夫でーす」案外元気そうな声が返ってきた。

「朝4時からお入りになっているそうですが、もうそろそろ出てこられませんか?」

「無理!」

事務所へ行ってビデオをチェックする。映っていたのは、精神障害があると思われる若い女性。私は彼女に見覚えがある。いつもひとりなのに誰かと会話を続けながら大量の買い物をする常連さんだ。

じつはわが店から800メートルのところに精神科医院*がある。入院患者だけでも500床ほどある比較的大きな施設で、この医院の最寄りのコンビニが当店なのである。

ビデオを巻き戻してみると、彼女は午前1時すぎに入店し、ビニール4袋分の

精神科医院
万引きを見つけて捕まえると、この医院の通院患者ということがよくあった。警察に通報しても「精神障害ですからねえ」

食べ物を購入、いったん店を出て、出入口のゴミ箱前で買ったばかりの商品を一心不乱に食べる。完食後、午前2時すぎに店に入り、そのままトイレに入るのが映っていた。以降、動きなし。つまり、午前2時から朝の7時すぎまでずっとトイレにこもっている。異常事態と判断し、すぐ警察に電話で助けを要請する。あわせて連絡を密にしている仲良しの民生委員・石部さんにも来てもらう。

20分ほどして男性警察官が2名現れる。

「女性の警察官の方は来ていただけないのでしょうか」と言うと、バツが悪そうに「うちにはいなかったもので……。今から××署へ要請します」。

結局それから1時間後に、女性警察官1名を含んだ4名が合流。非番だった駐在の姫野さんと、民生委員・石部さんも駆けつけ、私と夫を含めて総勢10名が狭い店内でてんやわんやひしめくこととなった。

パトカーが何台も駐車場に停まっているのを見て、お客が興味津々*で続々来店。みな素知らぬ顔をしつつ、買い物をするふりをして警察官が集まるトイレ付近まで何が起きているのかと様子をうかがいに行く。

姫野さんはビデオを見ると即座に「あ、西崎美枝子さんだ」と叫んだ。

とか、「次来たら、入口で断ってくださいよ」などと言われ、うやむやになった。「二度とこの店には来店いたしません」という念書を書いてもらったすぐ翌日、ふつうに現れ、何かを盗っていくということも。

お客が興味津々
なかには「どうしたの？」と聞いてくる人もいる。周囲のお客も聞き耳を立てていることがわかったので、できるだけ大きな声で状況を話すと、店内の数名のお客が「ふむふむ、なるほど」とうなずく。そんなことを何回も繰り返した。

西崎さん、32歳、独身、無職、身より無し。生活保護を受け、精神科医院に通院中。姫野さんが把握していて、住所もその場でわかった。

「救急車を呼んで乗せていってもらったらどうでしょう?」

「救急車は本人が『病院に行く』という意思がないと乗せられないことになっているんです」

私の提案はあっさり却下される。

「西崎さん、話を聞いてよ。おしっこが出ないのは、それは病気なんだから、病院へ連れていってあげるから一緒に行きましょう」

トイレの外から姫野さんが呼びかけるが、中からの声は怒声が罵声に変わり、収拾がつかなくなる。

民生委員の石部さんが対応を協議するため、社会福祉協議会へ問い合わせる。

「ほら、いつもトラブルの起こる、△△町のファミリーハート!」

そんな話が聞こえてきて、夫は苦笑い。

とうとう私は警察官に呼ばれ、「これから保護しますので、女性警官と一緒に中に入ってください」とゴム手袋を渡された。夫がマイナスドライバーでドアを開け、中から閉めようとするのを、警察官が足を差し込んで施錠できなくし、そのすきに女性警察官と私で中に入った。

「ここのトイレは本当にきれい*」とよくお客からお褒めの言葉をいただくトイレが、床から壁まで汚物でベタベタで、室内に強烈な下痢便の臭いが充満していた。

彼女は下半身を剝きだしにしたまま便器から腰を上げようとしない。女性警察官と２人で引っ張ってみるが彼女も力を込めて居座る。われわれの力では彼女を引っ張り出せない。

すると、それまで優しかった警察官が怒涛のようにトイレになだれ込み、嫌がってわめく彼女を６人がかりで引きずり出した。

「さっさとしろ！」

２時間も猫なで声でなだめすかしたりしていたのが嘘のように、全員がどすの利いた声で怒鳴りつけ、一瞬で店外へ連れ出す。一番若い警察官が引き返してくると申し訳なさそうに「お店にある一番大きなビニール袋をいただけませんか？」。

下痢便まみれの彼女をビニール袋で覆ってパトカーに乗せるのだという。私に

ここのトイレは本当にきれい
昔、トイレにサニタリーグッズを揃えていた時期があった。綿棒、爪切り、ティッシュ、ブラシなど。常連さんから褒められたが、それらは次々とまるごと盗まれた。補充しても補充してもなくなるので哀しくなって置くのをやめた。

はこの後、トイレ掃除が待っている。お互いあい憐れむ、で顔を見合わせる。*

某月某日　なくてはならない存在：SV大奮闘

店舗運営など何も知らない、ずぶの素人であるコンビニオーナーをサポートし、店の切り盛りを教えてくれるのがスーパーバイザー（SV）だ。

オーナーはみな、開店のタイミングでひと通りの研修を受け、分厚い店舗運営マニュアルをもらっている。しかし、業務は複雑で、それに伴うコンピュータシステムも慣れるまでは相当に難しい。

オープン当初わからないことだらけの私が分厚いマニュアルを片手にうんうんうなっていると、夫は横からこう言った。

「そんな難しい説明書を読んでないで、SVに聞いたらいいよ。彼らはそのためにいるんだし、僕らは高いフランチャイズ料払っているんだから」

その言葉どおり、夫はちょっとしたことでもすぐにSVに電話して聞いた。

顔を見合わせる　後日、警察から連絡があり、西崎さんが入院措置となったことを教えてくれた。その後も入退院を繰り返し、今も西崎さんはうちの店の常連である。

各店舗に配属

われわれの店がオープンした当時、SVは2年以上の直営店での店長経験が必要だった。店長を経験したあとでSVとなり、各店舗に配属*されていた。

彼らは、コンピュータシステムを把握し、売れ筋商品の見分け方、菓子の発注と雑貨の発注の違い、売りたい商品の販売手法、陳列方法、在庫管理、返品の目安、アルバイトの採用・育成の仕方などなど、なんでもよく知っていて、尋ねればすぐに答えてくれた。どの人も指導が具体的で、わかりやすく、説得力もあり、何より親身だった。

「では、まずおにぎりの発注をしていきましょう。明日のお天気と最高気温*を確認しましょう」

「晴れで、28℃の予報ですね」

「今日が23℃なのに、明日が28℃だと、急に暑く感じるから、もしかするとおにぎりよりもサンドイッチのほうがたくさん売れるかもしれませんね。おにぎりは今日より少し控えて、サンドイッチを多く取りましょうか。近くで何か、行事があるか、聞いてますか？」

「すぐそばの幼稚園でお誕生日会があると常連さんに聞きました」

SVは最低でも週2回は店に顔を出すと規約で定められていて、それが難しいときは、電話で断りを入れてきて、別日に埋め合わせていた。

お天気と最高気温
売上げは天候に左右される。暑ければ飲料が大量に出るし、寒ければ防寒具や使い捨てカイロが出る。少し暑くなってきたころだと、アイスクリームはクリーム系。ヨーグルトやデザートもまだまだ出るが、暑さが本格的になれば、アイスクリームは「ガリガリ君」などの氷系になり、甘いデザート類はガタ落ちとなる。飲料も味の濃いものに代わって、甘味が薄く水に近いものやお茶が多く出るようになる。食べ物は弁当類が減り、冷麺の棚を大幅に増やす。猛暑日ともなれば、日中は人が出歩かなくなる。

「何時くらいまでで、どんな会か、詳しくわかりますか？」

「地区の老人会のおじいさん、おばあさん方もお茶菓子を持って参加されるそうで、午前中で解散だそうです」

「じゃあ、帰りに店に寄って、お昼を買われるかもしれませんね。お弁当を多めに取ってみましょうか」……。

ほとんどのSVが、「そう、僕もこんな経験あります。困りますよねぇ、こんなとき」なんて言いながら、一緒に悩み、考え、教えてくれた。

人見知りで、警戒心が強く、頭の固い私とは逆に、夫は誰とでもざっくばらんに話す*から、毎週2回やってくるSVと、何時間も話し込んだ。

売上げに関係なさそうなことでも、店で起こったことのあれこれをすべてSVに話す。

「このあいだ、そこの横断歩道でおばあさんが行ったり来たりして、危なっかしくて」

「横断歩道を渡れないんですか？」

「青になると渡ろうとするんだけど、点滅すると戻って……どうやら認知症らし

誰とでもざっくばらんに話す
お客がうかつに夫に道を尋ねたりしようものなら、道案内から始まり、その土地のいわれ、近辺で起こったことなどまで話し始める。最初はその親切に対して笑顔を見せつつ、そのうちに顔を引きつらせ、相槌を打ちながらじりじりと後ろ向きに出口に向かって下がっていくお客の姿を何度も目撃した。

いってことで、僕が駐在さんに電話したの」

「で、お巡りさんが駆けつけて？」

「そのままじゃ危ないから店に入ってもらったら、『勝手に家を出てきたのがバレると息子に叱られるのですぐ帰る』って出てこうとして。仕方ないから、椅子を店の真ん中に据えて、そこに座ってもらって」

「それで落ち着いたんですか？」

「飴とかグミでも見てたら安心だろうとお菓子の棚のところに座ってもらったら、落ち着いてじっとしてたよ」

こんな調子だから打ち合わせが長引くのだ。

夫が留守のときは私がＳＶの相手をする。するとＳＶとのやりとりはものの５分で済んでしまうのだった。

長時間の打ち合わせのおかげか、夫は担当のＳＶと友だちのように仲良くなり、味方につけるようになった。

近くで廃業する店舗があったりすると、気の利いたＳＶはうちで使えそうなものを勝手に見つくろって、持ってきてくれる。陳列台や椅子、ラック、フックやトングなど、そうしてもらったものは数知れない。

あるとき、SVが夫の耳元でささやいた。

「オーナー、10日の午後1時から2時のあいだに凹凹店に来てください。欲しいものなんでも取り放題です」

凸凹店は廃業の決まった店舗だった。廃業時、リースしていたものは返却するが、店で購入していたものは廃棄するしかない。何もかも廃材として大型トラックに放り込まれる。その前に好きなものを取っていっていい、ということなのだ。

本当はルール違反なのだろうが、そんなふうに融通を利かせてくれる*SVの気持ちが嬉しかった。

開店から数年のあいだ、SVたちはど素人の私たちにとって、なくてはならない存在だった。

某月某日 いつのまにやら監視員：変わりゆくSV

融通を利かせてくれる 彼らが異動になったあとにも電話でやりとりして、長きにわたってのつきあいがあった。現在の担当者では間に合わぬことも、過去の担当者に電話して教えてもらったり、融通を図ってもらったりしていた。

開業から５年ほどが経ち、私たちもひと通りの業務を身につけたころ、店にやってくるＳＶのタイプが変わってきた。若手たちが本部からの指示を上意下《じょういか》達《たつ》に伝えに来るようになった。

あるときやってきた20代半ばくらいの長身のＳＶは入店するや、説明もなしに商品棚に貼り付けていたポップを一枚ずつ剥がしていった。ポップは商品の売り文句を私が手書きしたものだった。

「手描きのポップ*なんか、勝手に店頭に出さないでください。安っぽく見えるじゃないですか」

ポップをすべて剥がし終えたＳＶは私を見下ろしてそう言った。

「全国のファミリーハートでは、入ったらこの位置にこの商品があるというふうに統一しているんですよ。勝手なことしないでください！」

口調があまりに強いので気圧されてしまった。

このころになると、どうやらそれまでのようにＳＶになるのに２年以上の店長経験も必要なくなったらしい。ほんの数カ月だけ店長を経験*し、すぐにＳＶになった彼らが本部の指示だけを持って来店するようになった。

手描きのポップ
私は元幼稚園の先生なので、可愛いイラストや、手紙用の読みやすい文字はお手のもの。得意中の得意と言ってもいい。お客に褒めてもらうこともある。決してみすぼらしい手描きポップだったわけではない。

数カ月だけ店長を経験
数カ月だけの経験で店の業務を網羅的に把握することなどできない。案の定、何を聞いても、「聞いてみますね」とその場で本部の担当者に電話することになった。

本部からの締め付けはより強くなり、独自のポップだけでなく、チラシやポスターもSVにより厳しく指導されるようになった。

それまでは、「猫がいなくなっちゃったの。猫探しのチラシを貼ってもらえない？」とか、「町内会の盆踊りのポスター貼ってくれない？」といった近所の方々からの要望に応えて、店頭にチラシを置いたり、ポスターを貼ったりしていた。

ところが、そうしたものは「勝手に店内に出さないでください」と排除されるようになった。どうしてもという際には、本部におうかがいを立て、貼り付ける位置まで厳しく指導された。近所の人に頼まれたから、われわれの判断で「どうぞ」というわけにはいかなくなったのだ。

SVが何十にもわたるチェック項目の書かれた用紙を持ってきて、「身だしなみ」「接客態度」「言葉遣い」「店内の清掃具合」「ポスター、チラシの配置」……隅々までチェックしていくようになった。「覆面チェック」と称して、顔も知らない人間が予告なく来店し、店の状況を調査していく。

後日、来店したSVがチェック表を見せながら指摘する。

「まず、5月15日の午後5時ごろ、来店時にあいさつがありませんでした。また、その時点でゴミ箱がいっぱいになっていました」

その日のことならよく覚えているが、いつになく来客が立て込んだ日、とくに忙しかった時間帯だ。こんなチェックの仕方なら、多忙な店ほど評価が低くなってしまわないだろうか。

当初は大切な味方だったSVが、いつのまにか監視員*になっていくような気がするのだった。

某月某日　新聞投稿するときは……思わぬ注意

ほとんど休みの取れない中、私にはひとつの楽しみがあった。新聞への投稿である。

たまたま日々の由無《よしな》しごとを綴ったものを投稿したところ、採用されて掲載になり、3000円が送られてきた。思わぬ小遣いをいただけたのも嬉しかったが、

いつのまにか監視員
あいさつについては、「いらっしゃいませ、こんにちは」「ありがとうございました、またお越しくださいませ」が義務化され、一人一人のお客に対して確実に言っているかの覆面チェックが入った。本部の監視のもと、舌を噛みそうなこのあいさつを繰り返すうち、心をなくし事務的にこなしていく自分に気づいた。

新聞に自分の文が載り、たくさんの人に読んでもらうことが楽しかった。

仕事の合間を見つけては文章を綴り、新聞に投稿した。載ることも、もちろん載らないこともあったが、コンビニ仕事とはまったく違う作業は気分転換*になった。新聞に掲載された投稿を切り抜き、スクラップにして保管した。

来店した気の弱そうなSVが遠慮がちに言った。

「マネージャーさん、A新聞に投稿されていますよね？」

「よくご存じで」

はじめは彼が偶然に新聞紙上で私の名前を見つけて、日常の話題として持ち出したのだと思った。自分の文章が彼の眼にも留まったのだと思うと嬉しくなり、私の声は弾んでいた。

彼はすまなそうに、それでいて押し付けるようにこう言った。

「お店のこと、書いているじゃないですか。ああいうの書くときは、あらかじめ本部に承諾を得ていただかないと困るんですよ*」

赤面していた。褒められると思ったのが、叱られたのだ。

私の生活は店中心で回っている。日々の何気ない出来事にも、店は関わってく

気分転換
元来、引っ込み思案で出不精の私が、毎日店に出て、不特定多数の人と接するのは、仕事と割り切っても大きなストレスとなる。仕事以外の時間、家にこもって本を読む、文字を書くのは、その解消に大いに役立った。とくに短文を文字数に合わせてまとめるのはカタルシスを得られる。つらい気持ちを抱えた方には「1行でもいいから今の思いを文字に書いてみて。絶対楽になるから」とお勧めしたい。

本部に承認を得ていただかないと
本書の執筆にあたって、真っ先に思い浮かんだのがこの言葉だった。本部

る。店のことを書かないで、自分の日常を描くことは難しい。悪口や批判を書いたわけでもないのに、本部からこの地区のエリアマネージャー宛に私の人物考査のようなものが問われたらしい。エリアマネージャーからの指示でＳＶが私に〝注意〟しにきたのだ。

幸い、このときのエリアマネージャーは一角《ひとかど》の人物だった。おたおたざわざわする本部を、エリアマネージャーのほうから説明して、鎮めてくれた。

「マネージャーさんは心配されなくて大丈夫です」

という電話をもらい、私のことも、きちんと評価して、報告し、なだめてくれた。

だが、私はこの一件ですっかり白けた気分となった。以来、新聞への投稿は控えるようになり、スクラップはタンスの奥深くに眠っている。

に承認を求めて通るわけがない。本書を読んで、「これって、あの人じゃ……」と思い当たるファミリーハートの社員さんがいたら、どうか胸の奥にとどめておいていただきたい。

某月某日　**サラリーマンか、番頭さんか**：SVたちの将来設計

2018年、コンビニチェーンのCK社がファミリーハートと経営統合された。するとおもしろいことが起こった。担当SVの雰囲気が一変したのだ。

新しくわが店に配属されたSV・佐来圭《さくるけい》さんは元CK社の社員だった。彼は、それまでのファミリーハートのSVとはまったく違っていた。

彼は、店へやってくると、まず店の内外をぐるりとチェックし、期限の切れたポスターやチラシがあれば自ら外し、ズレている棚があれば元に直し、汚れがあれば掃除し、従業員が困っているときは手助けに走った。驚いたのは、一度目の訪問で裏の敷地に生えている雑草を見つけ、次の訪問時に鎌を持ってきて刈り取ってくれたことだ。彼は各店舗のスムーズな運営を優先に考えてくれていた。

それは開店当初世話になった、ファミリーハートのSVたちに通ずるものがあった。

佐来さんだけではない。その後に来たSVも、CK社出身の人はみなそうした。CK社出身のSVたちの働き方を見て、夫は、「ファミリーハートのSVは『サラリーマン』だね。元CK社の人たちは『番頭さん』だよ」と表現した。言い得て妙であった。

２０１９年、ファミリーハートは40歳以上の社員を対象に、本部社員の１割に当たる、約８００人の希望退職者を募った。私はこのニュースを新聞で知った。記事によれば、８００人枠の早期退職に応募すれば、最高２０００万円の早期退職金と、再就職支援が受けられるというもので、８００人を大きく上回る希望者が出たという。

本部の内部事情については、私たちにはわからない。だが、これまで夫が長くつきあい、頼りにしてきたSVの多くも悩んでいたのだろう。夫と仲の良かったSV*は、出世を優先するタイプではなく、「現場が好きなんです」と営業畑にとどまる人たちだった。彼らは、本部の言うことよりも加盟店の立場を優先し、融通を利かせてくれた人たちだった。

夫と仲の良かったSV
クリスマスの日、自前のサンタのコスプレで来店し盛り上げてくれたSV。節分の日、神社と交渉して境内での出張販売を認めてもらい一緒に恵方巻きを販売してくれたSV。彼らには本当にお世話になった。

蓋を開けると、わが店の担当を外れたあとも夫とのつながりのあった社員たちが何人も辞めていった。何も言わず、ひっそりと去った人もいれば、思いを直接聞かせてくれる人もいた。

あるSVは3人目の子どもができ、奥さんから「長時間拘束のない、土日祭日休みの、育児に協力しやすい仕事をしてほしい」と言われ、退職することにしたという。

今回の希望退職者ばかりでなく、辞めていったSVをたくさん知っている。

元高校球児だという、四角い顔と広すぎる肩幅で迫力のあった永岡さんはとても親切だった。配属されてやってきた初日、「季節の棚替えは僕が手伝いますよ」と言い、その翌日から本当に雑貨の棚の棚替えを始めてくれた。棚替えを手伝ってくれるSVは初めてだった。大いに喜んだら、「まかせてください!」と笑顔を見せていた。

その彼がある日突然、顔を見せなくなった。ほかのSVやエリアマネージャー*に聞いてもみな言葉を濁すばかりで何も教えてくれない。のちに親しくなったSVに聞いたところによると、超過労で精神を病み、パンクしてしまったようだっ

SVやエリアマネージャー
私たちが店をオープンさせてからの30年間、T県

た。フランチャイズのオーナーばかりではなく、SVたちも過酷な業務に苦しんでいるのかもしれない。

2023年現在、SVは週1日やってくる。店ごとに曜日が決められていて、何か不測の事態がないかぎり、同じ曜日、同じ時間帯に店をのぞきに来る。

今、彼らがやるのは本社の方針の伝達だけだ。

「レジでの操作はいつもどおりです。スキャンすれば、自動的に値引き対応の値段になります。ただし割引券をお持ちの方は、さらにお安くなりますが、その場合の操作はバーコードスキャンのあとに割引券を入れてください。先に割引券を入力しても反応しません。では、どのおにぎりをいくつ発注するか*決めていきましょうか」

こちらも経験を積んだベテランオーナーになった。私たちが店を始めたころに生まれたSVに聞かなければならない質問などない。

「店のパソコンで用が足りることだけ伝えにくるSVは、もうそろそろいらなくなるだろうな」夫がつぶやく。

を担当する役員にも、エリアマネージャーにも1人の女性もいない。SVにたった1人、女性がいただけだ。彼女はその後、職場結婚し、退職した。

いくつ発注するか
発注はギャンブルだ。雨が降るだけで客数は落ち、売上げは下がる。雨の予報なら、何時ごろから降ってくるのか、気をつけておかねばならない。昼すぎからの雨予報が、朝から降り出せば、朝食用の調理パンから売れ残る。反対に、終日雨だと思って発注を控えたら、晴れてきて弁当もおにぎりも全然足りない、ということもある。

今日もSVは5分ほどの滞在で、そそくさと引き上げていく。

某月某日　武勇伝：顔面蒼白店長のカタキ

ファミリーハートでは、コロナ禍以前、店長会議*が盛んに行なわれていた。月に1回ほど、各店舗から、オーナー、店長などのうちで日々店に出て働き、パートやバイトを教育する立場にある者が1名ずつ集められ、2時間ほど、会議と称する教育・指導を受けるのだ。

店と家を往復するだけの生活をしている私にとっては、外の風に当たれるよい機会で、ちょっとした気分転換にもなるのと、他店舗の斬新な取り組みなどの情報が得られることもあり、店長会議に出かけるのは嫌いではなかった。

だが参加者は私のように前向きな姿勢の人ばかりではない。

あるとき、会場で顔面蒼白でフラフラしている男性がいた。ネームプレートで隣町の店長とわかる。色白の細面でまだ30歳そこそこだろう。

店長会議
新商品の案内、販売促進のための商品の並べ方、トップ店の取り組みの紹介…店長会議ではさまざまな講習会が開かれた。あるとき、「夏用おでん」が紹介された。あっさりした汁に夏用具材を合わせて作られ、「これで1年中おでんが販売できます」担当者は得意げに言った。冷たい汁ならイケるかもと思ったが、汁は熱かった。ほとんどの店が真夏のおでんに二の足を踏んだためか、その企画はいつのまにかなくなった。

心配になって、「大丈夫？　もしかして寝てないんじゃないの？」と問いかけた。

「昨日から24時間一睡もしていなくて……」

話を聞くと、バイトが集まらず、店長である自身がずっとシフトに入っている＊のだという。休みもまったくとれず、生まれてまだ1歳の娘の顔もろくに見られないと嘆いた。

「この会議さえなければ3時間は眠れたんですけどねぇ。さすがに寝てちゃまずいので目だけあけて休んでますよ」

私たちのような零細弱小フランチャイズチェーン店でも「オーナー」「店長」と名がつくとなるとその立場の人間を守ってくれる労働基準法はない。しわ寄せはすべて現場に行く。

その日の会議は関西から赴任してきてまもなくだという、コテコテの関西弁の黒沢部長が仕切っていた。まず20ページはある分厚いレジュメが配られた。県下におけるマーケティング資料だった。お客へのアンケート調査結果や、ここ1年

＊ずっとシフトに入っている　「コンビニの仕事で、一番たいへんなことはなんですか？」と問えば、ほとんどの店長が「シフト」と答えるのではないか。24時間365日を限られた人員でまわし続けることこそがコンビニのもっとも過酷な仕事なのだ。希望する曜日も時間帯も、週に入れる日数も、人それぞれだ。採用時に確認して、足りない曜日に穴埋めできるようにしているのだが、人の予定はつねに変わる。コンビニ乱立と人手不足でシフト管理は年々厳しさを増している。

のファミリーハートの活動報告も加えたグラフに細かな数値がぎっしり盛り込まれていた。

本部社員が資料について簡単に説明したあと、黒沢部長の関西弁レクチャーが始まった。

「今の資料見て、なんか気ぃついたこと、ありまへんでしたか？」

たびたび私たち店長のほうを見渡し、そう問いかけながらしゃべり続ける。グラフによると、コンビニ大手3社の中、ファミリーハートはお客からの支持が最下位になっていた。黒沢部長いわく、これは由々しき問題であり、各店舗ごとのお客への対応が問われているのだと力説する。

「ほな、これからこちらで班分けしたグループに分かれてもろて、今回のこの結果を今後みなさん方でどうやったら改善していくことができるか、話し合ってもらいまひょ」

責任を店舗に丸投げするような言い方に腹が立ってきた。

「それにしてもこの地区の人たちはおとなしなぁ。大阪のおじちゃん、おばちゃんやったら、今ごろバンバン言わはりますよ、ほんま」

黒沢部長の言い草ではないが、実際のところ年々、加盟店の店長たちはおとなしくなっている。争いごとを避ける風潮のせいか、それともロスジェネ世代の店長が多く万一、本部からにらまれたらと恐れるあまりか、原因はわからない。私たちが店を始めたばかりのころはホテルの大広間で行なわれた会議でも、オーナーさんたち*は「マイク、こっちへ」と本部社員に手を振ってどんどん発言していた。

黒沢部長がせっかくそう言ってくれるなら、とそのタイミングで私は挙手をした。

「××店の仁科です。黒沢部長さんのお言葉に甘えて、少し発言させていただきます！」

自分で思った以上にハキハキとした声が出た。黒沢部長は目をみはった。

「10頁と14頁の表をご覧ください。コンビニ店の数と、お客さまの好感度はすべて完全に一致しています。つまりしょっちゅう行くコンビニについては『好き』と答えているのです。ファミリーハートは、わが県下の店舗数で大手3社の中で最下位ですよね。そのうえこの1年間、ただの1軒も店舗を増やせていません。

オーナーさんたち
この当時のオーナーは酒屋からの転身組が多く、長年、自営で経営した経験をもとに的確な指摘をする人が多く、私は感心して聞いていたものだった。

お客さまだって、行ったこともないコンビニを『好き』とは言えないのではないでしょうか？」

店長たちは押し黙り、黒沢部長は不満げにこちらを眺め、本部の社員たちは誰一人顔を上げることなく、手元の資料に顔を埋めるようにしている。そこまで言うと、さきほど話した顔面蒼白店長のことが思い起こされ、とまらなくなった。

「せっかくですから、もう一言言わせていただきます。ここに集まったオーナー、店長さんたちはみな、数あるコンビニの中で『ファミリーハートがいい』*と選んで始めた人たちなんです。その私たちに責任を押し付け、反省させるための会議なんでしょうか？　ファミリーハートは、1年間、県下に1軒も建てられないほど、誰もやりたくないような魅力のないコンビニに成り下がったのでしょうか？」

20名ほどいた本部社員の数人が黒沢部長の元に頭を寄せて何やら話しているのが見えた。

「店舗数の少ないことと人気の比例に気づくこともなく、本部の失態をすべて日々寸暇《すんか》を惜しんで働いている私たちに押し付け、反省させようという、そのや

ファミリーハートがいい
先進的でも先導的でもなく、つねに業界2、3番手で、「こうあるべき」という明確な意志もなく、ゆる〜い感じのファミリーハートがいい…全然、褒めてない!?

り口に私は納得がいきません。この場で説明なり、釈明なりお願いします！」

そう言い切って、椅子に座った。会場は水を打ったように静まり返っていた。

本部社員と黒沢部長がしばし相談をしたあと、社員のひとりが、

「えー、今から20分間の休憩に入ります」

とアナウンスした。

20分後、黒沢部長を中央に、本部役員、社員全員がずらりと並んだ。

「たいへん申し訳ございませんでした。本部の努力不足で、加盟店の皆さまの評判を落とすようなことになり、お詫び申しあげます。今後は店舗拡大に努め、お客さまに愛されるファミリーハートを目指してまいりますので、お力添えをお願いいたします」

そう言って一斉に深々と頭を下げた。*

「本日の研修予定は変更されました。皆さまにはご足労をおかけいたしましたが、今日のところはどうぞお帰りください。誠に申し訳ございませんでした」

配布された資料だけは回収するように指示され、解散となった。

帰り道、雑然とする通路で、あの顔面蒼白店長と会うやいなや、彼は言った。

深々と頭を下げた
黒沢部長はこれ以降、たびたび当店を訪れて、私たちと世間話をしていくようになった。夫と10～20分ほど話し込んだあと、帰り際に私にからかうような一言を残し、私が怒るとニヤニヤと笑いながら退散した。初めに抱いていた悪感情はすっかりなくなった。

「あんなこと言って大丈夫なんですか？　勇気ありますね」
夫の考えは別かもしれないが、私が本部の顔色を気にすることはない。なぜって、私は始めたときから心の片隅ではずっと、コンビニを辞めたいと思っているのだから。

某月某日　ライバル店、乱立：うちの店のバリケード

「なんでこんな近くに、同じチェーンのコンビニが？」と思う店舗を見かけたことがあるだろう。都心だとわずか数十メートルの圏内に、同一チェーンのコンビニが建っていたりする。これはドミナント（支配的）出店というコンビニの戦略のひとつである。

コンビニ本部は、ある地域に複数の店舗をあえて集中的に出店し、その地域を支配（ドミナント）させる。1つの店舗よりも物流効率がよくなるのと、その地域における認知度の向上、さらに広告の効率化や、競合他社の出店を抑制する意

図があるとされる。

このドミナント出店をめぐっては、２０１９年、セブン‐イレブンの東京都内の店舗にて集中出店で経営が悪化したオーナー一家が離散した、という悲劇を弁護士ドットコムが報じている。*

ファミリーハートにおいても、首都圏近郊では「あった」というオーナーの話は耳にしたことがある。ただ、わが店の周囲ではなかったし、他社にくらべるとファミリーハート本部は気をつかっているという印象は受けていた。

だが、皮肉にもファミリーハートがＣＫ社を経営統合したことにより、わが店の目の前で営業していたＣＫ社のコンビニが、ファミリーハートに衣替えしてしまい、すぐそばに２つのファミリーハートが林立する事態になった。

乱立するコンビニに、売上げ急落を悩んでいたわが店もひとつだけ良いことがあった。うちの店と精神科医院とのあいだに１軒、大手Ｌ社のコンビニが建ち、問題行動のある客が大幅に減ったのだ。

安心していると数カ月ほどで、ある噂が耳に入ってきた。Ｌ社のコンビニオー

弁護士ドットコムが報じている
セブン‐イレブン東日本橋１丁目店のオーナー・Ｓさんは２０１０年に開店。当初は１日に１００万円ほどの売上げを上げていたが、店から１００メートルの距離にセブン‐イレブンの別店舗が出店し、売上げが激減。２０１４年に深夜シフトに入っていた長男が夜勤後に自殺。その後、２０１９年に２００メートル圏内にもセブン‐イレブンがもう１店できた。Ｓさんの店は２０１９年３月末で閉店後、Ｓさんは病死した。閉店の時点で、同店を中心とした半径２００メートルにコンビニが６店舗あり、うち４つはセブン‐イレブンだったという（弁護士ドットコムニュースより）。

ナーが、精神的に行き詰まって、店を辞めることになったという。「変な客ばっかり来るし、そのせいで従業員も恐がって、次々辞めてしまうから、やってられない」と言っていたのだと、ある人が教えてくれた。

また別の常連さんは、

「昨日、あの店へ行って、買い物してからトイレに入ったら、出た途端、バイトの子に『黙って勝手に入って非常識です。先に断ってから入るべきでしょう』ってすごい剣幕で怒鳴りつけられちゃったよ。いつもここ（うちの店）ではそんなこと言われたことなんか一度もなかったのに」

とぼやいていた。わが店ではトイレは昔から自由に使ってもらっている。だが、思い当たることはある。

トイレットペーパー*をすべて引き延ばし、トイレ中ペーパーだらけにされたこと、便器の中に新品のトイレットペーパーをギュウギュウに詰め込まれたこと、1人の客に丸一日トイレを占領されたこと、糞便をベタベタに塗りたくられたこと（これについては前述した）……思い返せば、トイレにまつわることだけでも、次々とんでもないことがいっぱいあった。あんな目に遭えば、「黙ってトイレを

トイレットペーパー
男性用トイレを清掃していたら、隣の女性用トイレでトイレットペーパーを引き出す音が聞こえた。カラカラカラカラ……。いつまでも音が鳴り続ける。いつまでやるのだろう。お客

使ってはいけない」と言いたくなるオーナーの気持ちもわからなくはない。

私たちは、この土地で初めて店を始めた。知識は何もなかった。だから、すべての出来事を「コンビニ経営ってこんなものなんだ」と思うしかなかった。

だが、その店のオーナーが精神的に行き詰まったと聞いて、「やっぱりここでのコンビニ経営って苛酷だったんだ」とあらためて思い直した。

「あの店辞めちゃったら、またとんでもないお客さんが増えるから、なんとか続けてほしいね。うちのバリケードに、細々とでもいいから、やっててほしいよね」

そんな話を夫婦でしていた。

幸い、オーナーが辞めたあと、別の人がその店のオーナーに就任して、店舗はそのまま営業を続けることになった。

引き継ぎに、わずか1日だけ店を閉め、その後、何事もなかったかのように24時間営業を続けている。

が出たあとでのぞいてみると、直前に替えたばかりのトイレットペーパーが半分以下に減っていた。大量に使ったのか。引き出して持ち帰ったのか。世知辛い世の中になったものだ。

第3章
お客さまは何さまですか？

某月某日　カスタマーハラスメント：長く長く悩まされて

私のレジに向かって女性客が歩いてくる。40代半ば、小太りで上下灰色のスエット姿、顎を上げ、肩を揺すり、爪先を蹴上げるような歩き方だ。

「感じの悪いお客が来たなあ」と思っていると、隣の通路から割り込むかたちで男性客が走り込んできて私のレジに荷物を置いた。チンピラ歩きの女性客がムッとするのをフォローするように、パートの松村さんが「お客さま、こちらのレジへどうぞ！」と隣のレジへ誘導し、レジ対応をしてくれた。ベテランパートの松村さんは機転がきき、頼りになる。

男性客のレジ対応を終え、別の仕事に取りかかろうとした私のところにさきほどの女性客がやってきた。

「ねえ、あのババア、なんなの？」

しゃくった顎で松村さんを指し、憎々しげにそう言う。

「なんでレジ袋*に入れんの嫌がるわけ？」

女性客が言うには「レジ袋に入れてと言ったが、嫌々対応されて不愉快だった」ようだ。松村さんに限ってそんな対応をするはずがないと思ったが、その場を収めるため、松村さんを呼び、「たいへん失礼しました」と2人で謝罪した。ところが、気が収まらないようで「私は客でしょ？　そんな失礼な態度ある？　許せないんだけど！」と店内で怒鳴りまくる。

「一番偉い者を出して！*」と言うので「私が責任者です」と答えると、「本当に一番偉い者を出して！」と話にならない。仕方なく家に戻っていた夫を呼び出し、謝ってもらった。

わけもわからぬままの夫と私と松村さんが3人で頭を下げて謝ると、女性は店を出ていった。だが、これはそのさき、長く長く私たちを悩ませるカスハラの始まりにすぎなかった。

「お客さまより苦情が入った」と本部から電話が来たのは、それから1時間も経たぬうちだった。それまでに何があったのか、松村さんより事情を聞き、防犯カメラの映像チェックも終えていたため、本部にはスムーズに事情説明はできたも

レジ袋
2020年7月1日からコンビニのレジ袋は有料になった。ファミリーマートでは、小さい袋（8号と12号）は3円、中間（20号）と弁当用が5円、一番大きい袋（45号）は7円になった。たまに温めた弁当とアイスクリームを「同じ袋でいいから」と言われる。アイスが溶けないか心配で仕方ない。

一番偉い者を出して！
あとで夫は「僕は全然偉くないでしょ」と嘆いた。「私だってパートさんたちに頭が上がらないよ」と私が言うと、「結局、店で一番発言力が強いのは松村さんじゃない」と2人で大笑いした。

ものの、女性客は「とにかく家まで謝りに来い！」の一点張りとのことで、日をあらためて本部の営業担当者と夫と松村さんの3人で出向くことになった。

「箱菓子を持っていったら」と私が夫に伝えると、本部から「何も持たない」という判断が出されたという。以前はクレーム対応に菓子折を抱えて行くのが当たり前だったのだが、今はむやみに物を持っていくことは控えるようになっているらしい。今回の女性客への対応に、わが店側の落ち度があると本部もとらえていなかったのだろう。

1週間後、指定された場所に行き、謝ってきたのだが、男性2人はうなだれ、松村さんは怒りまくっていた。

最高気温30℃超えの炎天下、アスファルトの照り返しのあるアパートの駐車場で、女性だけが木陰に立ち、3人は延々2時間にわたり一方的な怒りを聞かされたという。しかも、やはり「許さない！」と宣《のたま》う。そればかりか「松村に責任をとらせて辞めさせろ」と言うのだという。

夫が「松村はほかのお客さまには人気のスタッフで辞めさせることはできません」と突っぱねた。すると女性客は「松村をちゃんと教育し直し、シフトを減ら

シフトを減らせ
「毎月1日は映画に行きたいからもう少しシフト

せ*」と要求してきたのだ。さらに本部へのクレーム電話はその日以降も連日のように続いた。

その1週間後、今度は私の書いた詫び状と、1000円程度の菓子折を持たせ、夫と営業担当の2人に再度頭を下げに行ってもらった。

松村さんは「私が辞めれば収まる話でしょ。社長*が私をかばってくれたあの言葉だけで私は気が済んだから、もういつ辞めてもいい」と言っていたが、少しシフトを減らしているうちに気分も変わり、続ける意思を示してくれた。

お客から本部へのクレーム電話は止まり、これでなんとか解決した、とみんな思っていた。

「ねえ、あれから、松村、どうなった？」

季節が晩秋に近づいたころ、例の女性が目の前にいた。1カ月半ぶりの来店だった。

一連のクレームとそれにともなう心労が一気によみがえる。動悸が速まり、鉛の球でも飲んだようにお腹が重くなった。クレームは終わっていなかったのだ。

減らしてくれない？」と日ごろから松村さんが希望しているのを知っているパートさんたちはこの話を聞いて「シフト減らしたら、松村さんが喜ぶだけじゃん」と笑った。

社長
ファミリーハートでは2FCの契約者夫婦を「店長」「マネージャー」と呼ぶのは前述したとおりだ。1FCの契約では、夫婦を「オーナー」「マネージャー」と呼ぶ。夫は2期目に1FC契約にした際、店のみんなに「僕のことは『オーナー』じゃなくて、これまでどおり『社長』と呼んでほしい。オーナーはただの持ち主で働かないイメージがある。僕はしっかり働くから」と頼んだ。以来、SVは「オーナー」と呼ぶが、店内の仲間は「社長」と呼んでいる。

「研修に行かせ、シフトを減らしています」とだけ伝え、逃げるように事務所へ駆け込んだ。このことは松村さんには知らせなかった。

それから1週間後、今度は松村さんがレジで応対中、その女性客が目の前に立った。私は不在だった。

「あれから反省した？　ちゃんとやってんの？」と話しかけられ、

「ありがとうございました。ちゃんとやっています」とだけ答え、あとは相手にせず仕事に戻ったという。

ところが、クレーマーはそのときの態度が気に食わないと、再び本部に電話した。本部から連絡を受けた夫は再度、彼女に謝罪電話をかけた。松村さんも「やっぱり私、辞めようか」と気に病んでいる。ただでさえぎりぎりで回っているシフトから*、主力メンバーの松村さんが外れるわけにはいかない。そもそも松村さんに非はないのだから。

あのクレーマーがいつ現れるかと思うと、店に出るのが憂うつになっていた。パートさんやバイト学生たちにもクレーマーの存在が知れ渡り、みんながビクビクとするようになった。

ぎりぎりで回っているシフト
シフトはいつもぎりぎりだ。先日、コロナ禍でどうにもならなくなった際、本部が推奨する「マッチングサービスアプリ」を使ってみた。これは店と日雇いスタッフをつなぐ

たった一人のクレーマーが店をめちゃくちゃにすることもある。いつ終わるとも知れぬクレームに私は心身が蝕《むしば》まれていくのを実感していた。

夫が何度目かの謝罪電話をして以降、クレーマーからの連絡が途絶えた。なぜか、本部への連絡もなく、来店もなくなった。「どうしたんだろうね？」と夫に問うと、夫は眼をギロンと輝かして答えた。

「最後の電話のとき、ああだこうだ言うもんだから、もう嫌になって、『ああそうですか、そりゃすいませんね。じゃ、失礼します』て言って、一方的に叩き切ってやったんだ」と言った。

ずっと下手に出ていたのが、急に投げやりになったのが怖くでもなったのだろうか。理由はわからないものの、それ以来、カスタマーハラスメントはぴたりとやんだ。夫の対応もイチかバチかの賭けだったかもしれない。

このときは夫の対応であっけなくカスハラは終了した。だが、まかり間違えば、逆上をまねいたかもしれない。カスタマーハラスメントの対応に正解はない。だから、われわれはつねに考え、迷い、悩み苦しむのである。

アプリで、「日中の4時間」で募集してみたところ、3名の応募者が現れた。アプリ内で「高評価」がついている1名に仕事を発注したが、当日の仕事時間に「ちょっと遅れます」と電話があり、30分待っても現れないので、夜勤明けの私が家から駆けつけた。結局1時間以上遅れて、何事もないように現れた。以来、このアプリは使っていない。

某月某日

金髪青年の「はい」：心に染みた言葉

店を始めた当初から、店周辺の環境は大きく変わっていった。* 私たちの店が建ったころには日が落ちればカエルと虫の鳴き声しかしない暗闇だったのが、国道沿いにズラリと店舗が建った。

最初の年の夏、私は毎朝、掃除機にズボズボズボッと音たてて取らねばならないほどの虫の死がいに泣かされた。夜中に明かりを求めて、お客と同時にかすみがかかっているかと思うほどの大量の招かれざる客が入ってきた。年々この客の数は減り、夏でもハタキ程度の処理で済むまでになった。

変わったのは周辺環境ばかりではない。店の内部システムも徐々に変化してきた。以前は商品の入荷時、全部カタカナで書かれた伝票* と一つ一つ照らし合わせてチェックせねばならなかった。

「オニギリニンポウチョウウメアジ15個、オニギリニンポウチョウサケアジ10個、

変わっていった
店を始めた30年前とくらべると、祝日・連休が大幅に増えた。学校が休みになると、子どものいるパートさんは休むし、バイト学生は連休に実家へ帰ったりするのでシフトが埋まらなくなる。こうして世間の休みが増えるのに比例して、私たち夫婦の勤務時間も増えていく。

全部カタカナで書かれた伝票
「おにぎり忍法帖」というのはおにぎりの商品名。

オニギリニンポウチョウベニジャケマヨネーズアジ10個……」

１人が読み上げ、１人がその商品を探し出し、数を確認する。そして読み上げた側が棚へ並べていく。この作業にたいへんな手間がかかった。

今は伝票を読み上げる必要はない。伝票のデータはコンピュータで送られてくる。それを片手に持てる小さなコンピュータに受信して、商品のバーコードをスキャンすれば入荷数がチェックできる。１人でマシン片手にチェックしながら並べていける。以前の４分の１の労力で商品は片付いていく。

周辺環境もシステムも変わったが、コンピニを経営し始めて一番大きく変わったのは私自身のものの見方だろう。

若いころの私は頭が固かった。それを自分では正義感が強い、と思い込んでいた。中学でも高校でも校則違反は一切しなかった。スカート丈を長くしたり、髪にパーマをあてたりする子たちをまったく理解しなかった。正しいか、正しくないかで考えるのならばつねに正しくありたいと願っていた。そして、自分自身を正しいと信じていた。一口に言えば、堅物だった。

本部は、商品に長々とした名前をつけたがるきらいがある。伝票上にはすべてカタカナで表記されるので、肝心の「梅」「鮭」までたどり着く前に表記が切れてしまうものが多々あった。長ったらしいネーミングは迷惑でしかなかった。

バロロロロンッと大きなエンジン音を立ててクルマが駐車場*へ飛び込んできた。以前の私ならば眉をひそめるような車種と運転だ。なかから若者が2人降りて店内へ入ってきた。一人は茶髪にピアス、もう一人は金髪で肩の刺青を見せつけるようなタンクトップを着て、ともにズボンをずり下げ下着丸出しの着こなしである。茶髪ピアスの子が雑誌と菓子を求めてレジに立った。

「558円でございます」私が言うと、

「はい」ごく自然に彼はそう答え、財布の中を探った。

するとペットボトル飲料を手に彼の横に並んでいた金髪刺青の子が、

「『はい』だって⁉」

茶髪ピアスの彼のさきほどの返事をそう言って茶化した。からかわれたほうは

「俺、根は素直でいい奴だから」と照れ臭そうに笑った。

そう言い置いて茶髪ピアスの子は店を出て行き、私は金髪刺青の子のペットボトルを手に取り、レジを打って言った。

「158円でございます」

「はい」

駐車場
駐車場は広いほど、お客が寄りやすくていい、と思われがちだが、掃除や管理面を考えると広すぎるのも困る。わが店は十数台が停車でき、それとは別に従業員が停めるスペースが3台分ある。土日や昼どきはかなり埋まるのだが、そのほうが回転率がいい。お客は駐車場が混んでいると気をつかい早目に退出してくれるからだ。

買い物カゴ
わが店には50個の買い物カゴがある。シンボルカラーの緑色でロゴが入っている。このカゴ、すぐに取っ手のところが手垢

今さっき、からかったはずの子が、舌の根も乾かぬうちに同じ返事をした。しかも自分の口から出た言葉に気づいてもいない。その様子にプッと思わず私は吹き出してしまった。

彼は驚いて、こちらを見て、私の笑顔に初めて自分の言葉に気づき、照れて金髪をかいた。

「2人とも素直でいい子だってこと、はっきりしたね」

お釣りを渡しながら私が話しかけると、ニヤリと笑って、

「ありがとう！」と出て行った。

バロロロロンッ！　クルマはまた大きなエンジン音を立てて走り去った。

以前の私ならば、彼らのような人種には言葉を交わすどころか、接する機会の生じる前に近寄らず避けていただろう。

この話を、奥の倉庫にいたパートの奥村さんに話し、2人で笑い合っていた。

するとそこへ、きちんとした身なりの美しい女性がやってきて、レジに買い物カゴ*を置いた。

「2359円でございます」

で黒ずんでくる。1期目のとき、忙しい業務の合間にカゴを洗いながら、「これ、仕事になるかも」と思いついた。カゴ洗浄はたいへんなので、ファミリーハート全店のカゴを集めてまわって、洗浄して返却すれば、儲かるのではないか。そんなことも忘れたころ、本部から「カゴ洗浄の業者にまかせてみませんか？」と提案があった。契約すると、定期的にやってきて、汚いカゴを回収、きれいなカゴを置いていってくれる。契約してみると、問題が起きた。当時、改装したばかりですべて新品のカゴだったのだが、戻ってきたカゴは色褪せして使い古したものだった。考えてみれば当たり前だが、わが店のカゴがそのまま洗浄されて戻ってくるわけではないのだ。ちょっと損した気分になった。

「……」

その人はこちらに目もくれず、無言のまま会計を済ませて店を出て行った。奥村さんと私は顔を見合わせた。

黙って店へ入り、黙って品物をカゴに入れ、黙ってレジへ置き、黙ったまま出て行く……。そういうお客のなんと多いことか。だからこそ、金髪青年たちの「はい」がこんなにも嬉しく心に染みたのかもしれない。

某月某日 **義憤にかられて**：嬉しいトラブル

「店長出せっ！」

突然、大きな声がした。倉庫で飲料を詰めていた夫が何事かと出てくると、男は「融けてるじゃねーか！」と怒鳴りながらソフトクリームを夫の顔に向かって投げつけた。夫が避け、アイスは床に落ちた。* 男はそのまま店の外へ足音荒く出ていった。

床に落ちた
昔はガムのポイ捨てが多

いきなりのことでレジの女の子も私もキョトンとしてしまった。床に落ちたアイスを拾ったが、取り立てて融けているようには見えない。指で押してみても十分に固い。夫はほかの商品が大丈夫か確認しようと店の奥にあるアイスケースを見にいった。そこへ自動ドアを殴りつけながら、さっきの男が戻ってきた。

「この店は客に謝りもしねーのか！」

ものすごい形相でレジの女の子を睨みつけ、大声でわめいた。

「ごめんなさいね。代金をお返ししますね」

女の子をかばおうと、あいだに入った私の言葉が男の感情を逆なでした。

「金だと？　ばばあ、もう一回言ってみろ！」

私は「ばばあ」に怒り心頭に発し、レジを飛び出て、男の前に立った。男は１６０センチほどで、年齢60歳くらい、頭は薄ら禿げて、ドブネズミのような貧相さだったが、そんなことは関係ない。どんな大男が相手でも見境なく飛び出しただろう。私にはこういう激昂を起こす悪い癖がある。

１６０センチの男と、１４０センチそこそこの私がにらみ合いになった瞬間、

「いい加減にしろ！」

く、厄介だった。ベタベタに床に貼り付き、取ってても取っても隙間に入り込んだネバネバは取り切れない。さらにお客の靴裏にくっついて店内に転々と足跡をつける。店内には、ガム落とし専用のヘラと洗剤、ワックスを常時用意していた。ガムがグミに取って代わられ、この苦労は激減した。

私の背後から大きな声が響いたと思ったら、若い男性が私とネズミ男とのあいだに割って入ってきた。

「さっきから黙って聞いていれば、おまえはいったいなんなんだ！」

「おまえは関係ねえだろーが！」

今度はネズミ男とその若者がつかみ合いになりそうだった。私は一瞬にして冷静さを取り戻し、2人に割って入った。

「私が悪いんです。ごめんなさい。やめてください」

夫も大急ぎで駆けつけてきた。

「新しいのとお取り替えしましょう。これをお持ちください」

ネズミ男の手に冷凍ケース*からもってきた新しいアイスを持たせてなだめようとするが、「そんなもんいるか！」と、男は夫の手を振り払い、逃げるように店を飛び出していった。

若い男性は180センチほどあったし、夫も華奢なほうではない。2人の男性に挟まれて、恐れをなして逃げ出したのだろう。

ところが、若者は走り去るネズミ男を追いかけようとする。私は彼の足にすが

冷凍ケース
冷凍ケースはマイナス28℃程度に設定されている。冷蔵ケースは、店の入口から一番奥に設置されていることが多い。外気に影響を受けにくいよう設計されているのだと思う。温度は棚ごと、また棚の中でも段ごとに設

りついた。

「何されるかわからないよ。クルマで撥ねられでもしたらたいへんだから、追いかけたらダメ！」

　ようやく若者も冷静さを取り戻したようだった。

「ごめんなさい。かえって迷惑をかけてしまったみたいで……。でも聞いていたら腹が立ってきちゃって」

　顔をよく見ると、まだ20歳そこそこの若い青年だった。

「こちらこそごめんね。嫌なことに巻き込んじゃって」

「コンビニのお仕事もたいへんですね。あんなわけのわからないやつまで来るんですから。頑張ってください」

　大人びた言い方をして、軽く頭を下げると若者は帰っていった。遠慮して断る彼の手に、鶏の唐揚げを包んで無理やり持たせた。

　以前、夜勤のバイトの男の子が酔客に絡まれ、なんの落ち度もないのに、店の外へ引っ張り出され、殴られたことがあった。そのとき、店の中にも外にも複数の人がいて、みなその様子を見ていたにもかかわらず、誰一人として助けたり止

定できる。チルド飲料の棚は５℃、弁当の段は４℃、おにぎりは18℃というように細かな設定が可能なのだ。画期的だったのは、ホット缶とアイス缶飲料を同じ棚に並べることができ、季節によって段の温度設定を変えられることだ。

めに入ったりせず、それどころか110番通報すらしてくれなかった。

だが、あの若者は自分に関係がないのに、義憤に駆られて飛び出してきてくれた。そのことが私には嬉しかった。こういう若者がまだ世の中にいることが嬉しくて嬉しくてたまらなかった。

某月某日　**「店長」昇格**：一生の記念の品

2回目の更新が来た。コンビニオーナー歴も20年、私たち夫婦は50代になっていた。

2期目の業績は順調だった。それでも私は心身を疲弊するコンビニ店の仕事に見切りをつけてもいいと考えていた。私に引きずられるように夫も迷っていた。

「辞めるなら今が最後のチャンスかもな。この10年契約を終えたら、僕たちは60すぎ。もうどこも雇ってはくれないだろうし」

しばらく迷っていた夫は「もう1期、やってみよう」と決めた。

バックヤードとして使っていたスペース
1日に何度も商品の出し

2期目になると扱う商品が増えた一方、店は小さく、3期目を迎えるにあたりお客の要望に応えてより多くの商品を扱おうとすると売り場面積の拡張が必須だった。バックヤードとして使っていたスペース*を売り場用にするため、壁をすべて取り壊して内装を新しくすることになった。費用は1回目の更新時の改装を大きく上回り、1200万円にのぼった。銀行から500万円を借り入れることになった。

コンビニ経営は「2名で専業できる」が契約の条件となる。「2FC」だとこの2名が「夫婦か、同居する親族」という条件が加わる。2期目、3期目の契約は「1FC」だったため、「専業する2名」は親族以外でも構わない。そこで、このときの更新で、夜勤バイトだった小笠原君を正社員として採用することにした。

小笠原君は働きだして8年がすぎていた。仕事ぶりも安定していたし、無断欠勤や遅刻がないこともありがたかった。小笠原君への信頼もあり、夫はずっと仕事から解放してほしがっていた私に代わり、小笠原君を正社員にすると同時に

入れをするバックヤードには内側から閉めることのできるカギがついているものの使われることはまずない。そのカギを一度だけ使ったことがある。初冬の夕暮れ、幼児を抱き抱えた若いお母さんが店に駆け込んできた。「かくまってください！」と言う。わが店は「子ども110番の店」を長年やっているので小中学生の子どもを保護することはある。が、大人が血相を変えて逃げ込んできたのは初めてだった。バックヤードへ入ってもらい、なかからカギをしてもらうよう指示した。バックヤードの中から警察に電話してもらい、じきに警察が飛んできて、お礼を言って一緒に出て行った。原因も、その後もわからない。ただバックヤードがそんな役に立ったこともあった、という話である。

「店長」として契約すると決めた。

そのことを伝えると、小笠原君は手放しで喜び、「本当ですか⁉」と何度も聞き返した。あまりの喜びように私は不安を覚えた。「24時間365日」の店の店長というのは生半可なものではない。そのことを痛感していたから、「本当にたいへんなんだよ」と釘を刺さずにはいられなかった。彼は満面の笑顔で何度もうなずいた。

20万円の研修費を店から支払い、5日にわたって行なわれる「店長研修」を受けてもらった。

都心の高層ビルに設けられたファミリーハートの契約会場で、小笠原君は感激の涙を流した、と同行した夫から聞いた。

彼は会場入口の『ファミリーハート店長・小笠原様』と書かれた用紙を「これ、もらって帰ってもいいですか?」と断り、持ち帰ってきた。「一生の記念」にするのだと言った。

以来、小笠原君はそれまで以上に張り切って仕事に取り組んでくれた。「今日はファミチキが安いので80枚売ります」「今月のボジョレー・ヌーボーは僕ひとりで10件の注文を取ります」と具体的な目標を立て、販売業績を上げる努力をした。近所の神社などの出張販売は「僕が行って売ってきます」と積極的に出かけ、言葉どおりたくさん売ってくれた。信頼できる店長の存在を、私たちは頼もしく思っていた。

某月某日　末広がり：コンビニがひしめいている

店を改装し、多くのお客から祝福してもらい、たくさんの来客を得た。われわれ夫婦２人で切り盛りしてきたこれまでの体制を変え、小笠原君が店長となったことで、私の心身は大幅に改善した。それまでの20年、１日10～13時間*は店にいて、店にいない際にも何かトラブルが生じれば駆けつけなければならぬと思えば、安心して寝ることもできなかった。それが、午後２時から翌朝６時までのシフトの管理や些細なトラブルは店長が処理してくれるようになった。

するとうと嫌いだったコンビニの仕事が好きになった。ここへ来て初めてお客と話

10～13時間
１期目は１日13時間は店にいるのが日常だった。２期目は少し減ったものの、バイトのドタキャンなどトラブルがあれば、16時間になることもざらだった。

すのが楽しくなった。こんな心境になろうとは思ってもいないことだった。

心身の負担が大幅に軽減したからであろう、悩まされ続けたリウマチもずいぶんと緩和*した。時を同じくして、息子が大学を卒業して、第一志望だった東京の会社に就職できた。

母は「充乃は8日生まれでしょ。『八』のつく日の子は末広がりなんだよ。どんどん幸せになれるね」と口癖のように言っていた。私が幼くして父親を亡くしたことを不憫《ふびん》に思って、泣き虫の私を励ますために言い続けてくれたのだろう。そのくせ、「ちょっと幸せかも」と思えるようになった20代の初め、母は首を括《くく》って自死し、私をまた不幸のどん底へ突き落とした。

以来、私はいつも用心し続けて生きてきた。人生はそもそも過酷で苦しいものだと考えていた。だから、楽しいこと、嬉しいことが続くと「これがまたどんな災いを呼ぶかわからない*」と思ってしまう。われながら損な性格をしている。

実際、店が軌道に乗り始め、幸せを感じ出した途端、リウマチにかかった。友人に「好事魔多しと言うからね。順風満帆のときこそ気をつけなさいよ」と言われた直後、3日間寝たきりになった。

リウマチもずいぶんと緩和
経験を重ねてわかったことだが、連続8時間を超えて働くと100％リウマチが出る。そこでシフトを3～4時間ごとに1時間ほどの休憩をはさむように工夫した。これだとリウマチは抑えられるが、「休むために働く」のか、「働くために休む」のかわからなくなる。

どんな災いを呼ぶかわからない
結婚し、子を授かったとき、親友に連絡を入れた。「私に万一のことがあった場合は、息子をお願いね」私がそう言うと、親友は「なんの連絡かと思ったら、こんなときにそんなことを言うなんて…」と心底あきれていた。

でもいくらなんでも、もうそろそろ「八の字」の予言が当たってもバチは当たらないだろうと考えていた。こんなに真面目に一生懸命生きてきたんだから、そろそろ「母の言葉*は正しかった」といってもいいんじゃないかな、と。

ところが、これまた油断だった。

うちの店のすぐそばにまたコンビニが建った。徒歩で行ける範囲に5軒のコンビニがひしめいている。

近所の人たちも「こんなにコンビニばっかりいらないよね」と私の顔を見れば聞いてくる事態となった。常連のお客は「ずっとあなたのところで世話になっているんだから、たとえ目の前にできたって他所《よそ》へは行かないよ」と嬉しい言葉をかけて励ましてくれるが、若い人たちはそうもいかない。やはり近いほうが便利だろう。改装工事で大きな借金を抱えているため、夫は毎日頭を抱えている。昼間のパートさんを1人削り、私はリウマチの出るぎりぎりの時間までレジに入るようにした。夫と小笠原君はもっと長い時間、シフトに入ることになった。

母の予言した「末広がり」の人生はいったいいつから始まるのだろうか。

でもそんな性格が直らないのだから仕方ない。

母の言葉
地元の児童文学研究会に所属していた母は、短編の児童文学や子ども向けの詩を創作し、研究会が発行する「文学読本」へ寄稿していた。母は、自分の作品集を出すのが夢だった。作品を書き上げると一番初めの読者は私だった。なんでも思ったことを言ってほしいと言いつつ、「このセリフ、ちょっとキザじゃない？」などと指摘すると、母はヘソを曲げた。母はいつも褒めてほしいのだ。だから、批判は遠回しに言うよう気をつかった。そして「充乃が言ったのと同じこと、先生に言われた～」と、研究会から嬉しそうに帰ってきて、また次の作品を読ませてくれるのだった。

某月某日 **大洪水**：頼りになるのは…

予定どおり午後3時で仕事を上がろうと制服を脱いだところへ、パートさんが顔面蒼白で私を呼びに来た。

「トイレ*の水道管から水が噴き出しています。早く来てください！」

駆けつけると、トイレの洗面台下の管が外れ、水が噴出しており、すでにトイレは洪水状態で、店内の通路にもタプタプと流れ出している。

すぐに噴き出す水道管に飛びついた。外れた管を元通りにしようと試みるが、水圧が強くはね除けられてしまう。その間にも水はどんどん流れ出し、店内に広がっている。

何度かトライし全身ずぶ濡れになった挙げ句、私はお手上げと観念し、ファミリーハートの「緊急安心ダイヤル」に電話した。SVから緊急の困りごとがあった場合の問い合わせ先として教えられていたが、それまで一度もかけたことはな

トイレ 始めた当初、トイレは和式で、入口から一番奥にあり、男女兼用で1つだけだった。近くでイベントのある週末などは、2台のレジに1列ずつとトイレに1列、ずらりと行列が並び、店内の通路は人で埋まった。従業員もトイレに行くことができず、「申し訳ございませんが、混雑時のトイレは従業員最優先とさせていただきます」とトイレに貼り紙した。2期目から、

かった。コール音ももどかしく、私は受話器を握りしめた。

「お電話ありがとうございます。ファミリーハート『緊急安心ダイヤル』です」

涼やかな声が聞こえてきた。

「トイレの洗面台の下の水道管が外れて、大量の水が噴き出しているんです！　どうすればいいですかっ⁉」

「担当の者に代わりますので、少々お待ちください。……♪♪♪（保留音）……はい、代わりました。いかがいたしましたでしょうか？」

「店内が水びたしなんです！　トイレの下の水道管が外れて水が噴き出しているんですよ！　なんでもいいので今すぐできる対策を教えてください！」

「では、このまましばらくお待ちください。業者をお調べいたします。……♪♪……」

電話を待っているあいだにも、水があふれ出ているのが見える。パートさんがもっとも洪水のひどい南側通路を閉鎖し、それ以上広がらぬようバケツとモップで精一杯の攻防に悪戦苦闘している。

「……♪♪♪……お待たせしました。ただいま業者さんに連絡しました。17時半

トイレは洋式になり、雑誌棚の隣に、男女別の2つとなった。3期目には、入口の案内表示が「女性専用」と「男女兼用」とに分けられた。またお客の高齢化に対応するため、便座の横に頑丈な手すりがつけられた。

ごろの到着となりますので、お待ちください」

17時半⁉　そんな時間まで待っていたら、店内どころか、駐車場も大洪水になってしまう。

「み、水を止める方法、わからないの！」

「申し訳ございません。業者さんがお見えになるまでお待ちください」

結局、「緊急安心ダイヤル」の相手は業者に連絡をとり、こちらへ向かわせる手はずをつけてくれただけだった。それだったら私にもできる。

数分後、買い物に出かけていた夫*の携帯電話とようやく連絡がついた。夫は即座に止水管の位置と、その止め方を教えてくれた。私の力ではびくともしないコックをパートさんが走って来てひねった。そうして店内すべての水が止まった。

大急ぎでトイレへ確認に走ると、パートさんの機転で、外れた管に店で一番大きいサイズのビニール袋を取り付けてあり、噴き出した水を受けていた。水の溜ったビニール袋はそのまま土嚢《どのう》代わりになって店内へ流れ出す水を抑える役割

出かけていた夫
夫は、寝ているあいだ以外、店で働いているといっても過言ではない。シフトに入っていなくても、チェーンソーで店周辺の草刈りをしたりと、とにかく働き者だ。「休みたがり」の私とは対照的に仕事大好き人間なのだ。

も果たしていた。まもなく駆け戻った夫が、トイレ以外の止水を解除し、２人のパートさんたちが水を拭き取り、17時半きっかりに訪れた業者が管を直し、事態は収束した。

とっさのときに役立ったのは、ノウハウを持っているはずの親会社のシステムではなく、いつものメンバーたちの機転*だった。

これ以降、今日まで「緊急安心ダイヤル」に電話をかけたこともなく、なんの役に立つのかもわからない。

某月某日 「辞めさせてください」：店長の裏の顔

小笠原君が店長になってしばらくすると、困ったことが起こった。

古くからいるパートさんだけでなく、バイトの学生たちにも、小笠原君を店長として尊重する気配がさらさらないのだった。

私と夫が「店長」と呼んでいるのに、ほかの誰もがそれまでどおり「小笠原

メンバーたちの機転
私がどうにもできなかった水道管にパートさんが張り付き、全身ずぶ濡れになりながら対応した。自分の勤務時間がすぎても復旧作業を手伝ってくれた彼女のクルマが濡れないように、私たちはありったけのタオルを渡し、その帰宅を見守った。

君」と呼び、ことさらに軽んじる様子が見られた。昨日まで同じバイト仲間だったのが、急に店長になっても気持ちが追いつかないのだろう。そう考え、時間が解決してくれるものと思っていた。

ところが、年度末に学生があらかた卒業して、新しいメンバーが増えてきたにもかかわらず、いっこうに変化がない。そればかりか、新しいバイトたちもみな小笠原君を軽んじるのが伝わってきた。

ある日、事務所に行くと、小笠原君がやってきた。

「阿久津君、辞めてもらいました」

「なんで？　あんないい子を」

採用担当は私*なので、阿久津君も当然私が面接した。20代のフリーターだが、清潔感のある男の子で、お客対応もきびきびとしていて、見ていても気持ちの良い子だったし、私の知る限り仕事ぶりにも問題があるようには見えなかった。辞めさせなければならない理由が思い当たらず、私は戸惑うばかりだった。

後日、夫が「あなたは店長だけれど、われわれに許可なく勝手に辞めさせるの

採用担当は私
初めはとくに採用担当を決めず、夫が決めたり、私が決めたりしていた。ところが、自分が採用していない人だとアラが目につく。そのうち互いに「あなたが選んだ

はよくない。その前に、何がどういけないから辞めさせたいと思うのか相談してほしい」と伝え、小笠原君も「わかりました」と答えた。

その後、真面目でおとなしい学生バイトの子たち数人が突然辞めていった。辞めるとだけ伝え、理由を聞いても答えない。唐突に辞めてしまうので、シフトを組むのにも支障をきたすようになった。小笠原君は辞めた子の穴埋めに自分が長時間シフトに入らねばならなくなっていったのだった。

理由を探《さぐ》ろうと、仲の良かった子に聞いてもらったところ、「オーナーたちはいい人だけど、小笠原さんの下ではもう働きたくない」と言われたという。われわれが不在のあいだ、辞めた子と、小笠原君が怒鳴り合っているのを見た、という情報も入ってきた。どちらにもそんなイメージがなく、ただただ驚いた。小笠原君は相変わらず一生懸命に仕事に取り組んでいるようにみえたし、偉そうにしたり、高圧的な物言いをしているのを見たこともなかったのだ。

自分たちが信頼して店長に任じた小笠原君が陰でそんなことをしているというのは信じがたくもあったのと、確たる証拠もなく、私たちはどうすることもでき

人、ダメだね」「そっちこそ、ドタキャン多くない？」などと責め合うこともあった。しばらくすると、夫が決めた人のほうが長続きしないことがわかり、夫から「採用はまかせる」と言い出した。

ないまま時間だけがすぎていった。

某月某日　2つの笑顔：仲良しのつもり

毎日、昼時に来店し、レジで由無しごとを話していかれるおばあさんがいた。必ず午後1時すぎに来店、食料品やら日用品やら数点を購入し、あれやこれやと話をしていく。顔をクシャクシャにして笑うので話していてもじつに楽しそうだ。私もパートさんたちも仲良しのつもりだった。

ある日、買い物のとき、おばあさんは1万円札*を出した。レジに入っていた私は8000円のお札をお釣りとして渡し、その後、小銭をお返しするはずだった。そのタイミングで、いつものようにおばあさんに話しかけられ、それに答えているあいだに、私は先に8000円を渡したことを失念し、小銭とともにレジから再び取り出した8000円をおばあさんに渡してしまった。

その数時間後、レジに8000円が不足していることに気づいた。私はすぐに

1万円札
1万円札を、こちらからお客に渡すことはまずない。だから1万円札はコンビニのレジでは邪魔者扱いだ。基本的に1万円札が3枚溜まれば、途中集金してレジ外へ出す。日中の忙しい時間帯では難しいこともあるが、な

「あのときかも」と思い出し、慌ててビデオをチェックしてみた。

ビデオには、私が二度目に８０００円を渡した瞬間、「え？」という顔をしたあと、すぐに狡猾《こうかつ》そうな表情（私にはどうしてもそう見えた）を浮かべると、そそくさとお札を財布にしまい、そのまま店をあとにしたおばあさんの姿が映っていた。

ふつう、レジで店員が1円でも多くお釣りを渡すようなことがあれば、ほとんどのお客は「お釣りが多いよ」と教えてくれる。少なければ言わずもがなである。その映像を見た私は、彼女が確信犯だったことを知り、仲良しさんだと思っていたのにと落胆した。同時にこちらの不注意がそもそもの問題だったのだと自分に言い聞かせていた。

その翌日、私はおばあさんが来店したタイミングで、「もしかすると間違って二度お渡ししてしまったかもしれないのですが」と伝えようと思っていた。「あ、そうだった」とでも言ってくれたら全部水に流せる気がしていた。

しかし、その日、おばあさんは姿を見せなかった。そして、あれほど連日、同じ時間に来訪していたのに、その日を境におばあさんは店を訪れなくなってし

るべく早く片付けないと、今のレジは小さいのでレジ内がかさばる。ワンオペの夜勤などは怖いので、3枚も待つことなくさっさと途中集金。万札はレジ内に置かぬようにしている。

まった。

いくら親しいといっても、コンビニに来店するお客は名前も住所もわからない。*私はあきらめた。

そんなことも忘れていたころ、おばあさんは何事もなかったかのように、あの日と同じように、午後1時すぎに来店した。姿を見せなくなってから3カ月がすぎていた。

店に入ってきたおばあさんを見てハッとしたが、私は何も言わなかった。笑顔で接客することはできなかったかもしれないが、何事もなかったように接した。

おばあさんが久しぶりに来店したその当日、その帰り道のことである。店から出て、一番近くの交差点の信号を渡らず、おばあさんは横着をして、信号の手前20メートルのところで国道をそのまま横断した。スピードをあげて走ってきたトラックに撥ねられ、亡くなった。神さまはすべて見ているのかもしれない。そんなことを思わざるをえなかった。

何年にもわたって親しく話した、あのクシャクシャの笑顔ではなく、ビデオで見た、嫌らしい顔付きが私の脳裏に焼き付いてしまったのが悲しい。

＊お客は名前も住所もわからない
パートさんの中には常連のお客にニックネームをつけている人がいる。「ペヤングソースやきそば」を毎日買っていく奥さんに「ペヤングさん」、おさげ髪の高校生に「おさげちゃん」、鎖のアクセサリーをつけている若者を「金鎖（かなぐさり）君」……。店内で話題になったとき、ニックネームのほうが話が早いからで、悪意はない。だが、列に割り込んだり店員に暴言を吐くなどみんなに嫌われているお客は「黒デブ」と呼ばれている。本当なら注意すべきだろうが、気持ちはわかるので黙認している。

第4章 もう少し頑張ってみます

某月某日　**ピンクの前髪**：還暦記念にやってやる

学生時代の友人が、サラサラのロングヘアをバッサリ切って「ヘアドネーション*した」とＬＩＮＥで写真を送ってきた。昔から彼女は少し色素の薄い、絹のように細く癖のない髪を腰近くまで伸ばしていた。癖っ毛の私は、彼女の髪を目にするたび、羨ましいと思っていたものだ。彼女の髪ならヘアドネーションに最適だなぁと思った。私はといえば、40代に入るとすぐ前髪が白くなり始め、今では真っ白だ。髪は2カ月に一度、薬局で購入した安い白髪染めで自分で染めていたが、自分の癖っ毛が誰かのお役に立つなんて考えもしなかった。

そんな折、新聞の投稿欄に「ヘアドネーションしました」の文字を見た。投稿者の年齢を見て驚いた。78歳とある。すぐに友人に問い合わせてみた。

「白髪でも、染めてても、癖毛でも、年寄りでも問題ないのよ」

還暦の記念に何かしたいと数年前からずっと考えていた。私の髪でもできるな

ヘアドネーション
癌や白血病などの病気や、先天性の無毛症、また不慮の事故などで髪の毛を失った子どもたちに、人毛による医療用ウィッグを無償提供する活動。ヘアドネーションによるウィッグは１００％人毛でできているため、質感が自然なのだという。

らとヘアドネーションをすることに決めた。前年、知人が乳癌になり、その治療で髪を失った時期があったのが、きっかけにもなった。

調べてみると、長さが31センチ以上*必要ということらしい。子どものころからほぼショートの私には初挑戦の長さだ。おまけに「極端に傷んだ髪はダメ」だそうで、伸ばし出すのと同時に髪を染めるのもやめた。

そのまま店内に出ていると、「染めないことにしたの？　勇気あるね」などとたくさんのお客から好意的に受け止められるようになった。タイミングよく、近藤サトさんのグレイヘアが流行っていた。

「そうなのよ」なんて満更でもなく答えていた。

20センチほどまで伸ばしたところで気づいた。近藤サトさんのグレイヘアと、私の白髪頭は根本的に何かが違っている。

そもそも毎日、不特定多数の人の目に触れる仕事をしているというのに、私は冠婚葬祭以外には化粧をしない。校則の厳しい女子高生時代に、「化粧＝不良」という価値観を頭に刷り込まれたせいで、大学に入ってからも、就職をしてからも化粧への抵抗感が抜けなかった。化粧せず、白髪頭の老婆が、店内を走り回ってい

長さが31センチ以上
少しずつ結んで房にして切るのだが、結んだ下からすべての髪が31センチ以上なければならないため、実質は40センチは必要になるらしい。

るさまは、山中を縦横無尽と駆け回る山姥《やまんば》に近いものがある。

ふと気づいた。ヘアドネーションするのは後ろ髪だ。つねに短く、目にかからぬように切っている前髪は関係ない。ならば前髪だけ染めても問題はない。せっかくだから、当たり前の色では面白くない。大好きな、ピンク色にしちゃえ！

折よくファミリーハートでは髪色の規定を外したところだった。私たちが店を始めたころには髪の色に規定などなかった。毎週のように、黄、赤、青と色を変えてくる学生バイトがいて、「信号機か⁉」と夫はツッコんだが、本部から何か言われるようなこともなかった。だが、年配のお客の中には眉をひそめる人もいて、彼はその分、接客に気をつかっていた。その甲斐あって、彼への苦情が入ったことは一度もなかった。

その後、第2章で書いたとおり、1998年ごろからファミリーハートの規則や私たちへの締め付けは徐々に厳しくなっていった。髪の色も「黒髪規定」ができ、「○番～○番以内の髪色で。それ以外は認めない」など、髪色見本帳とともに女子高時代以来の厳しいお達しが届いた。

そして、再びここ数年でその規制が外された。全国的に外国の人たちをバイト*

外国の人たちをバイト
日本語がかなり堪能でも

に多く使うようになったからだろう。

ということで、私は前髪だけピンクに染めてみた。この際、ファミリーハートからの「髪色の規制は外します。ただし常識の範囲内の色にしてください」という通達の後半部分は読まなかったことにしよう。

意外だったことに、これまで私とは一線を画すようにしていた、ちょいワルばあさんたち（若いころは不良と呼ばれていたのじゃないかなと思われるヘビースモーカーのおばあさんや、水商売をしておられたに違いない、濃いめの化粧のおばあさんたち）が親しく声をかけてくれるようになった。

「いいねぇ、その髪！」

「オシャレじゃん！」

「次は何色にするの？」

若いころから優等生タイプだった私は、お客とタメグチで話すことなどまずなかった。パートさんたちはすぐに仲良くなって、常連さんたちとタメグチで話しては、大笑いなどしているが、私は年上のお客には敬語でしか話さない。そんな雰囲気も手伝ってか、お客も私には砕けた口調では話さなかった。


外国の人にわからない言葉に「チンして」がある。今、店の電子レンジは温め終わると「ピ、ピ、ピ、ピ」という電子音が鳴る。家庭用でも「チン」と鳴るものは見なくなった。それでも若者ですら「チンしてください」と言う。

それが、髪をピンクにした途端、一気に垣根が外れた。距離を置いていた私に急に親しみが湧いたようで、以降、ちょいワルばあさんの人気ナンバーワンになってしまった。

「私、使わないから使ってみて〜」「使いかけなんだけど使ってくれる?」「次、こんな色どう?」……。

いろいろな色のヘアカラーまで集まってきた。最近は、そうしてお客からもらったカラーを、マスクの色に合わせたりして楽しんでいる。今日は青だ。

肝心のヘアドネーションは志半ばだ。伸ばし始めて2年目に入ったが、まだ必要な長さまで達していない。夏は暑いし、洗うのも、乾かすのも、眠るときもなかなかたいへんだ。生半可な気持ちではやり遂げられないこともわかった。

でも、だからこそ、還暦記念に絶対やってやる。

某月某日　おかしなお客さま：千客万来の悲劇

コンビニには時折、様子のおかしい人が現れる。とくに季節の変わり目に多くなるような気がする。そして、今日もまた――。

1人目

夕方4時、店内の荷物を片付けて*いた私の目の前に、いきなり巨漢が立ちふさがった。突き出したお腹が急に私に触れるほど近くに現れたのでびっくりした。

「差し出がましいようですが」彼は言った。言葉遣いは丁寧だが、何かクレームだろうか？　私は身構えた。「お金の前借りをしてはいただけませんか？」と彼は続けた。

身長は175センチほどで、体重は少なくとも100キロは超えているだろう。くたびれたトレーナーにダブダブのスエットパンツ。50代後半と思われる。清潔感はないが、こんな感じのおじさんならどこにでもいる。

「お言葉ですが、私も身銭を持たないものですから、いただきものを頂戴してもらえないかと思い……」

言葉の使い方がおぼつかないが、よくよく聞いていると、「お金を持っていな

店内の荷物を片付け
荷物は時間が決められていて、ほぼその時間どおりに届く。だが、店舗の増減やルート変更などで時間が変更されることも。「来月1日から、常温便の配送時間が、午後9時から午前0時に変わります」などと本部から通達が来るのだが、これが負担になる。バイトの子がいる時間帯なら、大量の荷物も対応可能だが、夜勤のワンオペ時間帯だと、ほかの荷物とのラッシュとなり、私ひとりでは一晩中走り回っても片付けきれない。バイトを雇う余裕はなく、もうどうしたらいいの!?

いが、腹ごしらえをしたい。ついては今日はお金を払わずに食べ物を買わせてほしい。後日、必ず返しに来る」ということのようだ。

「お困りのようでしたら、お巡りさんに相談しましょう」と警察に通報＊した。男性は、警察が来るまでのあいだもおとなしく、所在なさそうに店の中で立ち尽くしていた。

2人目

深夜1時半、ワンオペ勤務中に、一見チャラ男風の、ロン毛の茶髪に、派手めの上着を羽織った男が店に入るなり、そのままレジの前に来た。小ざっぱりした格好は若者風だが、顔を見ると40代くらいに見えた。

「3日間、何も食べていない。だからずっと水とご飯だけを食べて生活してきた。ここまでは歩いてきたんです。だから俺はアメリカにいる。だからレイプしてやる。レイプされそうな女を助けてやると約束したのだから、ここで弁当を買おうと思っています。2つ弁当を買うつもりだ。今は腹が減っている」

私の目を見つめたまま、一方的にしゃべり続ける。数分しゃべったところで突

警察に通報
警察に助けてもらっている一方、わが店は警察に協力もしている。当店は駐車場にも防犯カメラを設置している。店外の道路まで映している店は少ないらしく、近隣で何か事件が起こるとすぐ警察が「ビデオを見せていただけませんか？」とやってくる。時には隣県の警察も「逃走経路の確認」とビデオチェックに来たことも。

然、目を剝いて「裏切るなよっ！」と怒鳴る。その後、一転して「ピストルは持っていません。僕を信用してください」と低姿勢になる。

落ち着かせようと、「お弁当を買われるのでしたら、その棚へどうぞ」とレジ横の弁当ケースを指すと、弁当を持ってレジに置く。値段を告げるとポケットやバッグから小銭やメモや本やレシート*やペンなどを次々と取り出し、レジの上に並べ出した。その間もずっと意味をなさない言葉を話し続けている。小銭をすべて集めても400円ほどで弁当は買えない。さらにポケットやバッグを探っているうちに、ほかのお客が彼の後ろに並んだ。彼もしきりに後ろを気にしている。

「お金が足りないので、お弁当は買えません。ほかのお客さまも並んでおられますから、今日のところはお引き取りください」ときっぱり言って、弁当を下げた。すると彼はレジ台に広げたものを焦ってポケットやバッグに戻し、そのまま出て行った。

3人目

深夜3時、品出しをしていると視線の端に真っ黒な物体がかすめた。来店した

レシート
レシートを見もせず捨てていくお客は多い。が、これはもったいない。最近のレシートには割引券や引換券がついている。500円超えのタバコの引換券などもあり、気づけば「お客さま、無料引換券ついてますよ」と声をかける。「おぉ、助かったよ！」と慌てて引き返して拾う人も多い。みなさん、レシートはひと目でも確認してみましょう。

人のぼさぼさにからまった黒髪はくるぶしまで伸びていた。ヘアドネーションのため、3年伸ばしてようやく腰に届くほどの長さになった私の髪のゆうに倍以上の長さがある。髭も髪と渾然一体となり、遠くから見ると黒い布を頭からすっぽりかぶっているようにも見える。

上半身の服は真っ黒でボロボロになり、もう服とは呼べない形態で体に引っかかっている。下半身には何もまとっておらず、局所のみ白いレジ袋で覆い、素足にはかつては靴だったらしきスリッパ状の物をつっかけている。

彼はぐるりと店内を回り、カップ麺を手にレジへ来た。目の前に来ると、引き締まった筋肉質の体をしており、本などに描かれる原始人のようにも見えた。

手に持っていたボロボロのレジ袋からお金を出して買い物を済ませ、店内でカップ麺にポットからお湯を注ぎ、しばらくして出ていった。店に入ってきてから出ていくまで、一言も発さなかった。

さて、実際に当店に来た3名の〝おかしなお客さま〟のケースを述べた。

私以外の人は、この3名をどう判断するだろうと思い、夫やパートさんたちに、防犯カメラ*からプリントした写真を見てもらい、意見を聞いてみた。

ほぼ全員が「原始人」に拒否反応を示した。

「怖ぁ〜」「ええっ」「嫌っ」「通報でしょ」

じつは、私にとっては２人目の「チャラ男」が一番怖かった。

「チャラ男」が店の外へ出ていき、後ろに並んだお客に対応しようとしたとき、自分の手がガクガクと震えているのに気づいた。震えがあまりにも大きかったため、それを見たお客が「大丈夫？　お巡りさんが来るまでいてあげましょうか？」と心配したほどだ。

恐怖はしばらく続き、１１０番通報して、駐在さんに来てもらい、近辺をパトロールしてもらった。そのあとも「チャラ男」がまたやってこないかとしばらくビクビクしていたほどだ。今思い返しても、心臓がドキドキしてくる。

千客万来とはよく言う。コンビニは24時間、ありとあらゆるお客を招き入れる場所でもある。だけど逃げ出したいほど怖いことだってある。

防犯カメラ
防犯カメラは、契約更新で店舗を新しくするたび、最新機器に換えてきた。だから今のものは３台目となる。１台目は家庭用ビデオカメラと同じもので、カラー映像自体は悪くないのだが、録画を更新していくたびに劣化して、画像は粗く、顔の識別も難しい状態となっていった。２台目は性能がアップし、画像は鮮明でズームアップまでできるようになった。３台目はさらに高性能で店内に死角はもうない。万引きでも、商品の数が合わず「おかしい」と思えば、ビデオに窃盗犯がばっちりと映っていて手元のズームアップまでできてしまう。

某月某日　次から次へ変わってく：行き着く先は…

「手描きのポップなんて出さないでください」とSVに叱られてから3年がすぎたころ、ファミリーハートの方針は一変した。

来店したSVからは「これからは各店舗ごとに特徴を出していきましょう」と言われ、「手描きポップの描き方」という講習会まで催された。

こんなことにいちいち驚いたり、怒ったりしているヒマはないほど、コンビニではさまざまなことが次から次へと変わっていく。*

ドン・キホーテが台頭してきたころ、ファミリーハートも棚を高くそびえ立たせ、ドンキ流の「圧縮陳列」を取り入れた棚作りを推奨した。女性の履く靴の靴底が異常に高い厚底靴ブームも重なり、化粧品コーナーはチビの私では踏み台では足りず小さな脚立に乗らねば手が届かない高さに陳列された。

私が「これだとお客さまが届かないんじゃ？」と心配すると、SVは「これが

次から次へと変わっていく
先日、バイトの女の子が話しかけてきた。「さっき謎のお客さんが来たんです」「どうしたの？」「『マイルドセブンくれ』って言うから『それ、なんですか？』って聞いたら、タバコだって。そんな名前のタバコありま

いいんですよ。面白いから、買いたくなるんです！」と言った。でも届かなきゃ買えないわけで、どの店でも店舗内に踏み台を用意するようになった。

「コンビニに行けばなんでも揃うようにしましょう。とりあえず発注台帳にない商品でお客さまに聞かれたことがある物をすべて書き出して提出してください。商品もたくさん仕入れてもらって陳列も多めにぎっちりやりましょう」

　ＳＶは自信満々にそう言った。

が、数年でこの方針も一変した。「スッキリ見やすく、手に取りやすい陳列を心がけてください」となった。来店したＳＶは、

「棚数も減らして、棚の高さも隣の通路が見えるくらいにしましょう。見やすい棚が大切です。まずは商品のアイテム数ももっと減らしていきましょう*」と言った。

　万引きの対処方法も、時代に合わせて大きく変わった。以前は、「万引きは現行犯逮捕でなければ捕まえられない」が常識だった。「財産犯」である万引きは「誰が」「いつ」「何を」盗ったかをきちんと証明できないと逮捕要請が難しかっ

せんって言っても、『昨日もここで買った』って言い張るんですよ。謎でしょ？」「マイルドセブンて、聞いたことない？」「えっ、そんなのあるんですか？」「今はなくなったけど、昔は主流だったのよ。今のメビウスがそれなんだけど…」「お客さん、首かしげながら帰っちゃいましたけど…」。マイルドセブンが廃止されたのが２００１年。時代はどんどん変わっていく。

アイテム数ももっと減らして　圧縮陳列によって全国的に万引き被害が激増したことを受けての方向転換ではなかったかと私はにらんでいる。

た。ビデオ画像が鮮明ではなかった時代、「ビデオの映像では証拠になりません。消耗品だと証拠が跡形もなくなっていたりするので逮捕は難しいですね」と警察官から言われた。つまり、チョコレート菓子を盗まれたとして、それを食べられてしまうと、証拠となる盗品がないため、事件として扱えないのだと言う。

だから私たちは、つねに神経を張り詰め、見張り、その場で確認し、店から出たらすぐに追いかけ、捕まえて、盗品を保存し、警察に引き渡すまで見張っていなければならなかった。

そんなときの捕まえ役は決まって私だった。

「僕は警察に通報しないといけないから」

ビビリの夫はいつも通報役を志願する。悪に対する怒りの感情が先に立つと恐怖などまったく感じなくなる私は即座に行動する。小学生が父親の腕にぶら下がるようにして、大男たちを何度捕まえたことか。

つねに神経を張り巡らせていたせいか、私は悪のオーラ*のようなものを感じることができるようになっていた。

だが、そんな時代はもう終わった。今は駐在さんに相談すると、

悪のオーラ
店の入口から入ってきた男性に、なぜか「何か悪いことする!」と感じ、ずっと気をつけて見

「わかりました。ビデオに映っているんですね？　じゃあ、お店の人たちはもう一切、何もしないでください。僕らが捕まえますから」と言われる。

先日、ちょうどパートさんが常連のおじいさんがドリンク剤を1本ポケットに入れるのを見た。ビデオをチェックして確認し、駐在さんに報告した。

その1週間後、警察官3人が駐車場に張っていて、おじいさんが店に入るタイミングで確保し、連れ去った。数時間して警察官とともに戻ってきたおじいさんは「二度と来店しません」という誓約書をしたため、謝罪し、代金を支払って帰っていった（夫が「二度と来ないと誓約するのなら、立件は要望しない」と伝えたからだ）。

万引きを発見しても、その場で捕まえたりせず、数日間いつもどおりのにこやかな笑顔で接する。そして、ある日突然、警官がやってくる。ある意味、昔より怖い*のではないだろうか。

変わったものはほかにもある。ファミリーハートの制服は当初、エプロンだった。今、制服はペットボトルの再生品でできている。猛暑時には、既定の制服で

ていた。が、何事もなく、ふつうに買い物をして出て行った。「私も焼きがまわったのかも」と苦笑いしていたら、直後に高校生の男の子が飛び込んできて、「表に自転車を停めていたら前カゴに入れておいたバッグが盗まれたんです！」。ビデオでチェックすると、さきほどの男が店を出るなり、自転車の前カゴからバッグを盗って、何食わぬ顔でバイクに乗って去っていくのが映っていた。やっぱり私の勘は当たるのだと妙に感心してしまったのであった。

昔より怖い
おじいさんは警察に捕まった際、脅え切った表情で震えていた。万引きをした1週間後に捕まるとは思ってもみなかったのだろう。万引きなどいつまでも続けられるものではないのだ。

はなく、ファミリーハートで販売している黒Tシャツでも可となるなど、以前からは考えられぬほど規則も緩やかになった。

棚やレジ台などの備品も、昔は重くて頑丈だった。10年ごとの契約更新のたびに軽量化していった。最初はちゃちな感じになったなあと思っていたが、使ってみると細かな部分に工夫が凝らされている。指先ひとつで奥の商品の前出しができるようになったり、高さの微調整も楽になった。さらに棚の下にキャスターがついて、棚一台丸ごと移動できるなど、季節の棚替えも格段にやりやすくなった。

商品の変化も著しい。昔はよく「しょせんコンビニ弁当*」などという言葉を耳にしたが、今はなかなかどうして侮れない。

私が感じるのがパスタ系だ。ナポリタン、ミートソースに始まり、ジェノベーゼ、アラビアータ、パンチェッタと焼きキノコのオイルパスタなど、季節ごとに次々品を変えては新作が登場してくる。そして美味しい。友人たちとランチにイタリアンのお店に入ったりすると、時折、愕然とする。家でいつも食べる〝廃棄のパスタ〟といったいどれほどの違いがあって、この値段差なのよ⁉「しょせんコンビニ弁当」とは言わせないレベルに達している。

しょせんコンビニ弁当
雑貨もPB（プライベートブランド）商品が次々出され、どれも安く、大手メーカーの品と比較しても大差ない。じつはこれ、「ファミリーハート商品」と銘打っているが、製造は各大手メーカーに依頼しているのだから当然なのだ。

味だけではない。なんと言っても発注や検品に使うコンピュータシステムの進化は著しい。「急に違う機械になったらわかんないよ」などと甘ったれたことを言っているようではコンビニ店員は勤まらない。

レジも昔は、レジを打つ前段階で覚えておかねばならない諸々の手続きがあったが、今ではレジそのものが教えてくれる。たとえば宅急便など、伝票のバーコードをスキャンすれば、次に何をすればよいのか、次々と指示がカラーの絵入りで表示される。

「通常か、空港止まり等特殊お届けか、選びなさい」→「サイズを計って選びなさい（スキー板、ゴルフバッグ、スーツケース……はこのサイズです）」→「お届け先の郵便番号を入力しなさい」→「お届け希望日時を入力しなさい」→「運賃は８４０円です」

このチャートにしたがっていけば、自然と手続きが完了するようにできている。だから、仕事の種類はものすごく多くて複雑なことをしなければならないはずなのに、人生で初めてのバイトだという高校生がものの３日で仕事をこなしていけるようになる。これは本当にありがたい。

＊仕事をこなしていける
ただし機械に慣れた若者だから順応も早いわけで、50代以降の世代になると、教えた先から忘れるためなかなか厳しいことも。

コンピュータを世界中で一番うまく活用しているのがコンビニだとは30年前から言われていたが、それは年々進歩し、私たちを煩雑な作業から解放してくれている。

スマホ決済がさらに浸透し、老人も子どももスマホで買い物するようになり、公共料金やお役所が発行するゴミ処理券なども現金決済でなくてもよくなれば、コンビニのレジは完全に無人となるだろう。人件費爆上がりの果てに人件費無用の時代がやってくる。行き着く先はオーナーすら無用の時代かもしれない。

某月某日　経費削減：もう引き留められない

今、わが店の周囲1キロ圏内には6つのコンビニ店舗がある。近隣に1軒ずつコンビニが建つたびに売上げは減っていった。また新しい道路ができると、国道の交流量が減り、客足も落ちることになった。2期目にはつねに2000万円を超えていた月の総売上げも、3期目に入ると2000万円を割り込み、3期目の

半ばには1800万円を割った。

夫は乗っていたクルマを売り払い、私が乗っている中古の軽をシェア*するようになった。

店では経費削減の手始めに、昼間のパートさんを1人削った。

3年半働いていたパートの高崎さんがちょうど「辞めたい」と言ってきた。40代の主婦で週に4日入ってもらっていた。「わかりました」と了承した。

あとで、彼女と親しかったパートの宇野さんから「高崎さんがね、3年以上働いてきたのに一言も引き留められなかったって愚痴っていましたよ」と聞いた。

「お疲れさまでした」と労《いた》わりはしたが、引き留めはしなかった。正直なところ、経費削減ができて助かったと思ってしまったのだ。

「マネージャーさんは止めてくれると思ったんですって。あっさり了承されてショックだったって言っていました」

それを聞き、可哀想なことをしたと思ったが、わが店はもう「引き留める」余裕も失ってしまったのだ。高崎さんの代わりに、夫が事務業務をしつつレジにも入るようになった。

中古の軽をシェア
都心にお住まいの方にはわからないかもしれないが、わが店のあたりでは1人1台が一般的だ。結婚したころから、クルマは別々のものを持っていた。だが、それも難しくなり、私がクルマで家に帰ったあとは夫は夏の炎天下でも徒歩20分の道のりを歩いて帰ってくる。

パートさんやバイト君たち*の勤務時間を細かく見直し、ここで1時間、ここで30分と短縮し、その分を私たちが入るようにした。バイトの夜勤の時給は日中の25％増で、さらに福利厚生費で食事1食代を出している。この分を削った。

店長の小笠原君が「辞めたい」と言ってきたのはちょうどそんなときだった。

小笠原君は何年かに一度、思い出したように「辞めたい」と言うことがあった。そのたびに私たちは引き留めていた。前述したような、バイトたちとの摩擦はあったものの、仕事には一生懸命に取り組んでいたし、店を支える貴重な戦力でもあった。

だが、このタイミングでの申し出に、ついにわれわれは引き留めるのをやめた。正社員である彼の給与と社会保険料を払うのが厳しくなっていた。

「辞めさせていただきたいのですが」

いつも辞意を切り出すときと同じように、私を事務所に呼び出した小笠原君がそう言った。

「わかった。これまでいろいろとありがとうね」と私が告げた。

彼の表情が少し歪んだ。驚いたようにも、安堵したようにも見えた。

バイト君たち
学生のバイトは毎年2月くらいから不足し始める。卒業シーズンだからだ。逆に、5月の連休明けには応募者が殺到する。学生生活に慣れてからバイト先を決めようという新入生が多いからだろう。だが、そのころにはもうバイト募集はほぼ終了している。大学入学が決まった段階で、アパートの下見と同時にバイトを決めるのが「賢い大学生」である。

某月某日　ワンオペ：消し去られた事故

小笠原君が店を辞めて以降、私が夜勤に入っている。夜９時〜朝４時の７時間が基本で、トラブル処理があったりすると５時まで延びる。夫が４時に来て交替する。夜10時から朝６時まではいわゆる「ワンオペ（１人勤務）」である。

すき家の早朝ワンオペで勤務中の50代の女性が店内で倒れ、３時間後に発見され亡くなったというニュースが流れた。

じつは数年前、隣の市のファミリーハートで、ワンオペ中の店員が脚立から落ちて亡くなっているのをお客により発見された、という出来事をＳＶが教えてくれた。

翌日、そのＳＶから夫宛にわざわざ電話があり、「あの話、完全オフレコですから。絶対、誰にも漏らさないでくださいね」と念押しされた。

「完全オフレコ」とは言っても人がひとり亡くなっているのだ。漏れないはずは

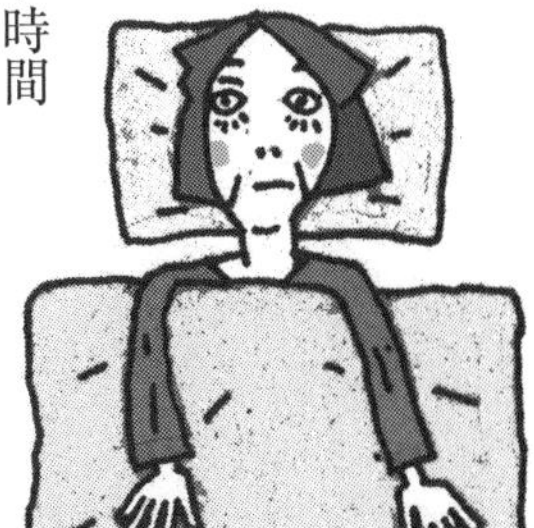

ないだろうとネットで検索をしてみたが、どこにもこの情報は載っていない。その後どこかにこのニュースが流れた形跡もない。本当に消し去られてしまったのだろうか。

すき家では問題視されたワンオペ問題が、ファミリーハートでは消し去られてしまった。それ以来、もし私がワンオペ勤務中に死んだとしても、なかったことにされるのだろうか、と思うと深夜、脚立に乗るのが怖くなる。

ともあれ小さなばあさんが夜中に一人で店にいるので、お客が「バイトに夜勤者いないの?」と心配して聞いてくる。その都度、「人件費が爆上がりで、夜勤にバイト入れたら赤字なのよ」と答える。実際、2023年現在、夜勤希望者*の電話は連日のようにかかってくる。今いるバイト*の中にも、週1~2日は夜勤に入りたい、という子もいる。

店を始めたころは、週末は夜勤に3人のバイト*を入れていたこともある。今では考えられない。

2022年9月、コロナ規制が大幅緩和されると、少しずつお客が増えてきた。

夜勤希望者
日勤希望者は応募自体が少ないが、夜勤希望者は常時ある。時給が高いためだろう。入学したての女子大生、無職の壮年、引退後の老人…。正社員の若者が仕事のあとにダブルワークで勤めたいということも。

今いるバイト
数年前から数名の中国人留学生をアルバイト採用している。一から日本語を学ぶ彼らは「かしこまりました」「~いたしました」など、日本の若者より正しい言葉遣いをする。今働いている中国人留学生の女性も、美しい日本語と優しい心遣いで常連さんたちからお褒めの言葉をもらう。ところが日中関係が悪化しだしたころ、彼女に対する匿

それに伴って、荷物も増えてきた。常温便（飲料、菓子、カップ麺など）、雑誌、冷凍便、1便（弁当、おにぎり、総菜は1日3便届く）、パン便と、ワンオペ対応だと息つく暇もなくなった。ワンオペで夜勤に対応しようとすると、7時間で1万歩を超える。

そんな状態だから、冷凍便を片付けている最中にお客がレジに来ると、つい舌打ちをしそうになる。

先日、深夜1時に入店してきた年若い男性が総菜類を持ってレジに来た。私は冷凍便の片付けをやめて走ってレジに向かい、会計を済ませた。そそくさと冷凍庫の前に戻り、さきほどの続きに取りかかると、レジのほうから「すいませーん」と呼ぶ声がする。今度はビールを2本、手に持っている。再度、レジに走り、会計を終える。もう一度、冷凍庫に行った途端、再び声がかかった。今度は雑誌を1冊持っている。

それを視界の端で確認しながら、レジに向かう最中、「1回で来てよぉ」とつぶやいてしまった。胸の中で愚痴ったつもりだったのだが、マスクをしているという安心感もあって、思わず声に出てしまったのだった。自分のつぶやきが意識

名の苦情が本部を通して届いた。「言葉が通じない」「ありがとうも言えない」と。日ごろの接客ぶりから見て、いわれのない中傷だ。匿名の苦情がどんな意図によるものかはわからない。日中間の緊張をこんなかたちでうっぷん晴らししようとするものならとても悲しい。

夜勤に3人のバイト
店を始めたばかりのころは、たとえば雑誌ひとつとっても膨大だった。返品作業も、手書き伝票に1つずつ雑誌の名前を書き込んでいかねばならず、冊数も多かったので、この作業だけで毎日数時間を要した。今は、雑誌そのものが少ないうえ、これもすべてバーコードスキャンで済み、伝票も印刷されて出てくるので1週間分が5分もかからず終了する。

しないあいだに外に漏れて、私は焦った。

「すいません……」

小さな声で謝ったのは彼のほうだった。

「いえ、ごめんなさいね」

私はそう言って軽く頭を下げると、彼も恐縮したように視線を下げたまま会計を済ませて、そのまま出て行った。


夜勤を続けていくうちに困ったこと*が出てきた。睡眠障害になってしまったのだ。

仕事を終え、5時前に帰宅しても、一晩中走り回っていた体をクールダウンするのに1時間以上を要する。頭も冴え冴えとしてすぐには眠りに就くことができないのだ。

私が帰宅するのと、朝刊が届くのはほぼ同時なので、バイクの新聞配達のお姉さんから直接新聞を受け取ると、1時間半ほど時間をかけてじっくりと朝刊を読み終える。そうしているうちに頭と体がクールダウンして、ようやく眠気がやっ

困ったこと
困ったことがあれば、嬉しいこともある。友人たちのランチのお誘いに、ホイホイと出かけることができるようになったのだ。365日休みなく働いているので、昼間のお誘いにはなかなか出かけられず、不義理が続いていた。それが夜勤をしているうちは昼間はいつでもオフなので「いつでもいいよぉ！」と出かけていく。見方を変えれば、毎日が休日気分でもある。

てくる。

そして、６時を少し回ったころに寝床へ入る。ところが、なぜか１時間もすると目が覚めてしまうのだ。10時までは誰にも邪魔されることはないので、心身を休めるためにもせめてそれくらいまで眠りたいと思うのだが、一度目が覚めると、再び眠ることができない。

ここ10年くらいは毎朝６時から店に出ていた。出勤前の急ぎのお客が落ち着く９時すぎまで続く慌ただしい時間を体が覚えているのかもしれない。

眠れない、目が覚める、睡眠時間が足りない、というのが心配になり、夜勤を仕事にしている常連のタクシードライバーさんに相談してみた。彼は夜勤と昼勤を繰り返している。

「どうしたらうまく眠れますかね？」

「４時間も寝れれば十分よ。眠れないなんてぜいたくな悩みよ。どうしようもないときは必ず眠れるものだから。俺なんて20年以上、こんな生活でどこも悪くないしね」

そう笑って教えてくれた。タクシードライバーさんは血色もよく、いつも元気そうだから説得力があった。

そうか、睡眠時間にこだわらなくていいのか。そう思えたら、不安はすっかり消えた。昼間遠近《おちこち》の時間でウトウトしつつ、なんとか4時間は眠っている。じゃあ大丈夫だ！

某月某日 つながっている：「コロナのせいで」

先日、店の駐車場のフェンスにクルマが突っ込み*、頑強な鉄の柵がすっかりなぎ倒された。その日のうちに修理を依頼する。

それから数日間、来店するお客に「柵どうしたの？」「トラックでも飛び込んできた？」と、毎日のように聞かれ続けた。

2週間ほどして、常連さんにひと通り説明が済んで、倒れた柵について聞かれることがなくなってもまだ修理には来てくれない。さらに数週間がすぎたころになると、常連さんから口々にこう聞かれるようになった。

フェンスにクルマが突っ込み
店の内外でものが壊れたり、故障したりすると、その都度、「これは本部持ちか、うち持ちか」と、SVに連絡して確認する。契約によって、店ごとに違うようで、SVが「今回のケースはこちらの負担になります」などと教えてくれる。この事故の

「いつ直すの？」

そう聞かれるたびに私が、

「コロナのせいなのか、ロシアとウクライナの戦争のせいなのか、材料が揃わないらしいんですよ」

と答えると、大半のお客は冗談だと思って、笑う。いや、私は真面目に答えただけなのだ。

ロシアのウクライナ侵攻が、世界的な物価高を招いていることは周知の事実だ。ウクライナの農作物が入ってこないことによって、小麦から始まり、多くの商品が値上げとなり、私も毎週のように値札の貼り換え作業をしている。

ここ3年のコロナ禍でも、マスクや消毒液、トイレットペーパー（デマによる紙製品全般の買い占めによる不足）ばかりでなく、思いもかけない品が滞った。たとえば軍手やサキイカがそれだ。本部に問い合わせると、

「生産はできているんですが、コロナ禍で……」

という回答が返ってきた。本部の担当者の説明は以下のとおりだった。

①コンテナ製造の90％以上が中国で行なわれており、中国国内のロックダウンに

ときは、ＳＶに電話して確認したところ、修理費用は事故を起こしたクルマの持ち主に請求するように、という指示だった。修理自体はこちらで地元の業者に依頼することになった。倉庫のドアのキシミひとつでも、必ずその部分はどちら持ちなのかを調べる。本部持ちなら、すぐ業者に頼んで直してもらうが、うちが払う場合には夫はホームセンターへ駆け込み、極力自力で直そうとする。

より、その製造自体がストップしたことによるコンテナ不足。
②コロナ禍の巣ごもり需要によって、商品の配達量が急激に増え、これまでのコンテナ数では対応が追い付かない。
③コンテナの品物を仕分けしたり、運んだりするスタッフの人員不足による遅滞。
④海運だけでなく、空輸も陸運も人手不足。おまけに運賃の高騰。
これらをみんなひっくるめて「コロナ禍で」と言っているそうだ。

東日本大震災のときも飲料がごっそり入荷しなかった。関西や中部など震災の影響を受けていない地域で作られているジュースやお茶がどうして入ってこないのか聞くと、

「ペットボトルを作っている東北の工場が被害に遭ったんです。中身はあっても、詰める容器がないんです。だから製造がストップしています」

と説明してくれた。ペットボトルやキャップ、飲料缶の製造工場は土地の安い東北地方に置かれていたらしい。

店をオープンした直後に発生した阪神・淡路大震災でも、長いあいだ、関西からの酒が入荷しなくなった。灘《なだ》区の酒蔵が大打撃を受けたためだと教えられた。

はるか彼方、行ったこともない中国やウクライナとうちの店はつながっているんだ。

コロナ禍の真っ只中、私はついに還暦を迎えた*。30代で店をオープンしたとき、まさか還暦まで続けることになろうとは思ってもみなかった。

3年半にわたって伸ばし続けた髪の毛はもう腰までの長さになっていた。友人たちもみな「もう大丈夫だよ」「十分でしょ」と言うので、美容院へ行くことにした。

人様に使っていただく髪なので、傷まぬよう、細心の気遣いをして伸ばしていた。それでも本当に使えるものなのか心配だった。美容師さんは私の髪を見て、「今までで一番きれいな髪。ちゃんと手入れして伸ばしたんですね」と言って褒めてくれた。

今、私は元の山姥に戻り、ザンバラ髪を振り乱して働いている。

還暦を迎えた
義姉が還暦を迎えた日、親戚一同が集まって盛大な還暦祝いが行なわれた。私たち夫婦も花束を持って駆けつけた。私の還暦の日、夫は例年のごとく私の誕生日なぞすっかり忘れており、いつもどおり働いて〝廃棄〟を食べておしまいだった。離れて暮らす息子からの「お誕生日おめでとう！」というLINEが唯一の還暦祝いだった。翌日、「私、昨日、還暦の誕生日だった」と夫に言うと「あ、そうだった？」でおしまい。このことは一生、言い続けてやる！

某月某日　**過去最悪**：2023年現在の売上げは…

「次の契約更新、どうしよう？」

　このところ、連日、夫はそう言う。わが店はもうすぐ3回目の契約更新を迎えようとしている。

「やっぱり無理かもなぁ。経費がかかりすぎている」

　夫が頭を抱えているのは、爆上がりしている電気代だ。

　これまで、どんなにたくさん使っても1カ月35万円を超えることのなかった電気代*が50万円になった。

　2FC契約の場合、ロイヤリティーが高い分、電気、ガス、水道代はすべてファミリーハートが持ってくれる。だが、今の私たちの契約形態の1FCでは、一定料金を超えると自分持ちとなる。

　そもそも私は無駄な出費に恐怖を感じる体質である。元来の締まり屋で、贅沢

電気代
ロシアのウクライナ侵攻が始まってまもなくの2022年4月、ファミリーハート全店は省エネに取り組み、全時間帯で照明等40％オフ設定での稼働となった。それでもなお、電気代は上がり続けている。

すべて廃棄で賄える
初めのころ、私は廃棄の

をするとあとあと何か悪いことが起こるのではという恐怖感を呼び、気楽にお金が使えない。パートさんたちから「どケチ」と陰に日向に嘲笑われるほど、私の倹約ぶりは並ではないらしい。

「衣」は、友人たちから着られなくなった服をもらっている。自分たちで買う下着や靴下はすべて格安店のバーゲン棚のものだ。

「食」は贅沢さえいわなければ、すべて廃棄で賄《まかな》える。* サラダ、肉料理、魚料理、お総菜、果物、そしてデザートまで、毎食フルコースだ。私たちはここ2年ほど、ほぼ毎日廃棄を食べて生きている。息子は「僕の『母親の味』はファミハの廃棄*」というウケ狙いの一言を持っている（ちなみに「住」は、息子が小学生のころ、店舗から徒歩20分の住宅地に一軒家を建てた。住宅ローンの返済に今なお青息吐息している）。

乗っているのは中古の軽だし、夫も以前は1日2箱以上吸っていたタバコも仲人親が癌になったのをきっかけにスッパリやめ、趣味らしい趣味もない。

そんな私たち夫婦の営む店なので、電気代に限らず、何事につけ経費を無駄に使うようなことはしていない。それでも、わが店の経営状況は今、過去最悪状態

中から、デザートの上に乗っているマンゴーだけつまんだり、弁当のレンコンの煮物だけ食べたりしていた。それを見た夫は、「汚い食べ方しないほうがいい」と怒り、自分は1つだけ選んだ弁当をきれいに食べて、別の廃棄をつまみ食いしなかった。そのうち「どうせ捨てちゃうんなら欲しいところだけ食べてもいいのよ」という私に感化されたのか、今では、自分で弁当のおかずだけ皿に盛って家の食卓へ出したりしている。

『母親の味』はファミハの廃棄
皮肉な話だが、食べ物の好きな部分だけを思う存分食べる生活などコンビニをやっていなければできない。親戚の子どもたちがよくうちに来るのも、よりどりみどりの廃棄を持っていけるからだろう。

を迎えている。

客数、売上げ的には、コロナが始まり、人の動きが止まったころにくらべれば、回復している。コロナが始まり、人の動きが止まったかのようだった時期は、平日30万円、土日祝日も同程度、月900万円ほどというありさまだった。これはわが店の一番良かった時期の半分以下だ。コロナとはいえ仕事のある人たちは動かざるをえない平日より、他県からの遊行客の多かった土日祝日の落ち込みが著しかった。店の前の国道は、土日祝日、ほとんどクルマの動きがないような状態だった。だが、駅前や、観光地のコンビニほどの売上げの落ち込みはなかったため、補償の対象となるにはぎりぎりのところで手が届かなかった。

わが店の2023年6月現在の1日の売上げは、平日40万円前後、客数は500人前後といったところだ。週のうちで一番良い土曜日でも60万円いかず、客数も700人に達する日は少ない。売上げは月1500万円に届かない。そこへ追い打ちをかけるように諸経費が上がっている。ことに電気代の高騰はひどく、これでは電気代を支払うために働いているような状況だ。

「あの金は、どこに消えちゃったんだろうねえ？」

夫が情けない声を出す。

今思えば、2期目はよかった。住宅ローンの返済が始まり、家計に余裕があったわけではないが、それでも年に一度は息子との家族旅行にも行けたし、習い事もさせてやれた。いざというときに備えての貯金もできた。

経済的な不安をそれほど持たず、息子を大学まで出してやれた＊のは、これまでのあいだ店の経営が安定していたおかげだ。

店と夫にはあらためて感謝しなければならない。もちろん24時間365日の店に縛られる生活から逃げ出すことなく、愚痴をこぼしながらも働き続けてきた私自身にも。

某月某日　生かさず、殺さず：ついに契約満了

私たちの店は、もうまもなく10年の契約満期を迎える。夫婦ともに還

大学まで出してやれた　「結婚式の費用までは親が出してやれないから、自分でなんとかして」と言ってある。幸か不幸か、30歳を超えた息子にまだ結婚相手はいない。

暦をすぎた。ファミリーハートの契約形態も、時代に合わせて変わってきた。10年契約しかなかったのが、5年契約、2年契約までできた。ただし、2年契約を行なうと、次はないのだそうだ。5年ごとの契約更新はありだが、2年契約をすれば、それで終了となる。

夫は迷いに迷った末、「とりあえずまだ5年は続けてみようか」と言う。

本部から再契約の打診があった際、私は答えた。

「これまで契約更新のたびに借金をして、それを返済するために働き続け、契約が切れるころ、やっと借金返済も終わる、の繰り返しでした。私たちは経済的にも肉体的にも余裕がある状態で辞めたいんです。ずっと働き詰めだったから旅行くらい行ってみたいし*」

エリアマネージャーはなるほどとうなずき、5年、2年契約の場合は、これまでのような大がかりなリニューアルでなく、時代に合わなくなった不都合な箇所だけを少し変えるくらいで続けることができると答えた。

店を始めた当初、600円ちょっとだった時給は、今や「最低賃金一律1000円」が選挙の謳い文句にさえなっている。わが店は最低賃金を支払うだ

旅行くらい行ってみたい　2時間以内で到着でき、少し遊んで夕方までに帰ってこられるところならば、出かけられなくもない。しかし、その代償として睡眠時間を削らねばならない。還暦すぎの身としては、睡眠を削って出かけるより、家で体を休めたい。ここ10年ほどは映画すら観に行けていない。

けで精一杯だ。

コンビニ経営は「生かさず殺さず」だと私は思っている。

そもそも初めの契約時、必ず２人で働く契約をしなければならない。つまり、「１人だけ働けば家族が食べていけるような、生やさしい経営ではありません」と宣言しているのだ。

私たちのように、土地や建物を持たぬ者は、大きな借入れをして始めねばならない。

何人かのオーナー仲間たちと話をする機会がある。隣の市の60代のオーナーさんは、土地や建物を本部から提供してもらって２ＦＣ契約で平均的な売上げの店を経営していたが、10年契約の２回目が終わった段階で、店じまいを決めた。体にガタが来て、もう続けられないのだという。年金をもらえるようになるまで、あと数年を夫婦それぞれがパートに出て働くのだと教えてくれた。

「蓄え？　あるわけない。うちは借金して始めて、借金返して終わり。20年やってマイナスにならなかっただけ良かったよ。でも、もう経営者はコリゴリ」と言った。

大きな借金をして店を始め、借金がなくなったころ、契約が切れ、再び借金をしてリニューアルオープンし、やっと返済が終わったころ、再契約の時期が来る……を繰り返す。これは、もしや昔の小作人と同じ？　と思うことがある。

今、夫は、高騰し続ける人件費と電気代を見つめながら、それでも次の契約更新に歩み出そうとしている。

某月某日　**「愛」か、「憎」か**：日本社会の縮図

私はファミリーハートを愛しているのだろうか？　それとも憎んでいるのだろうか？　この原稿を書きながら何度も自問自答した。

店を始めたばかりのころ、ファミリーハートが、いや、この仕事が大嫌いだった。もともと客商売は向いていないという自覚があり、学生時代のバイトですら、客商売には関わらないようにしていた。オープン当初、不慣れで至らないことも多かったと思うが、居丈高に怒鳴りつけるお客も多かった。何度も「やっぱり私

は向いていない」と思ったものだ。

大手スーパーチェーン・S社がファミリーハートから撤退したあたり*から、本部からわれわれへの要求が多く、そして強くなったように感じた。われわれがブラブラ遊んでいるとでもいうかのように、次々と細かな指図が飛んできた。

「今だってこんなに忙しくてぎりぎりでやってるのに、これ以上できない！」

現場を知らないで、思いつくままに仕事を命じてくる本部に怒り*を覚えたこともある。

ファミリーハートが、他社のコンビニチェーンを吸収合併*し、万年３位から脱却しようと店舗数を増やし始めたころになると、現場の私たちの声はもうまったく本部に届く気がしなくなっていった。

ファミリーハートの商品のネーミングセンスの悪さにも辟易《へきえき》した。そこには、お客の立場に立って考えていない姿勢が凝縮されていた。

初音ミクの肉まんは「はちゅねミクまん」と命名された。お客が顔を真っ赤にしながら、「はちゅね……」と言うのを見て、すぐさま保温器の脇に「『ミクま

撤退したあたり
１９９８年、伊藤忠商事が西友ストアーからファミリーマート株式の約30％を取得して筆頭株主に。

本部に怒り
他店同士の交流もあまり良い顔をされなかった。明らかに徒党を組んで本部に逆らうのを警戒している様子が感じられた。当時は、加盟店を奴隷化しようとしているのではないかと本気で危うんだものだ。

他社のコンビニチェーンを吸収合併
２０１０年、ａｍ／ｐｍを吸収合併。その後、ａｍ／ｐｍの店舗は、順次ファミリーマート店舗への転換、閉鎖が進められた。

ん』と呼んでね」と貼り紙をした。

ほかにも、なぜかやたら難しい漢字を使いたがった。

「極旨」「鶏」「柚子」「焙煎」……高級で、さも手が込んでいるように思えるからだろうか。「読めないから注文しない」というお客が実際にいることに考えが及んでいない。そして、商品名にはやたら長たらしい説明がくっついている。

「北海道産大納言小豆のつぶあんまん」「とろ〜りチーズの濃厚ピザまん」……。お客が律儀にも頭からしっかり読み上げようとして途中で力尽きる。それを見てわれわれが心苦しくなる。

以上のようなことは、気がつくたびに直接SVに伝えてきた。

だが、一向に声が届いているようには感じられなかった。ちゃんと上に伝えていないのではないかと疑って、問い質したり、彼らの上司にあたるエリアマネージャーに申し立てたこともあった。それでも変わらなかった。

業を煮やして、ある日、加盟店相談窓口*へ苦情の電話を入れた。

「SVに言っても、エリアマネージャーに言っても、全然改善されないから電話してるんですが、私、長年、腹に据えかねてて、もしかしたら、話してるうちに、

加盟店相談窓口
私たち加盟店の窓口は基本的にSVだ。SVの上にエリアマネージャー、そして本部がある。本部

口汚く怒鳴りつけるかもしれないけど、窓口のあなたに対して言ってるわけじゃないですからね。しっかり録音して、ちゃんと伝えるべき部署へ伝えてくださいね」

あらかじめそう断って、ネーミングの改善をお願いした。

それからしばらくして難しい漢字にルビがつくようになった。私の抗議が通じたのか、それともほかの加盟店からも同じような声があがったのか、それともたまたま偶然なのか、真相はわからない。

――30年の怨念が嵩じて愚痴っぽくなった。お許しいただきたい。

それでも「嫌い、嫌い」で店を長くは続けられない。いつのまにか私は心臓に毛が生えたようになって、初めてのお客にも平気で話しかけるおばさんになっていた。お客と仲良くなり、常連さんとは家族のような口をきき合う間柄となった。パートさんもバイトの子たちも本当に大きなファミリーのようだ。そう思えば、こういう場を与えてくれたファミリーハートにも感謝の思いが湧いてくる。

ファミリーハートはこれまでもどんどん変わってきた。

に直接連絡することはまずない。あるとき、本部から送られてきた「緊急電話案内表」（事務所の電話の横の壁に貼り出すことになっている）を見ていて偶然、「加盟店相談窓口」の存在を知った。私の知るかぎり、昔はこんな「窓口」などなかった。以前、柄の悪いSVが入店するなりバイトの子に「てめえら、くっちゃべってんじゃねえ！」と怒鳴りつけたときもエリアマネージャーへの報告で解決した。ここ数年で設けられた「相談窓口」も加盟店を大切にしようというファミリーハートの姿勢なのだろう。

２０１７年の「展示会*」のことだったと記憶している。当時の社長のビデオメッセージが上映された。

「少しでも店の負担を軽減するよう、さまざまなことを見直し、細々《こまごま》としたことでも変えていく」という宣言があった。そして実行に移してくれた*。以来、次々出されていた細かい指示はパタリと止んだ。

ファミリーハートは、大手コンビニ3社の中で、唯一の日本発祥店だ。

他社が午前0時に精算業務をするため、必ずオーナーが深夜に店にいなければならなかった時代から、ファミリーハートは翌朝10時を精算時間とし、オーナーが深夜は休めるよう考えてくれていた。

他社が、売れもしない総菜を10個単位で買い付けねばならないような、加盟店に負担の大きい発注システムだったころから、ファミリーハートは2個から買い付けられるシステムになっていた。

他社のトイレが、事務所を通らないと入れない形態の店舗だったころから、ファミリーハートではお客が自由に使えるような開かれたトイレ設計*だった。

ファミリーハートは日本人に寄り添っている、とずっとそう思ってきた。先走

展示会
その年の方針発表、新機種や新商品、陳列方法の案内などが、各ブースに分かれて展示・説明される。関東地方では東京ビックサイトで年2回開催。新商品試食コーナーもあり、パートやバイト、さらにその子どもまで参加可能なので、息子が幼いころはお楽しみイベントのひとつでもあった。

実行に移してくれた
たとえば棚を引き出し式にしたことで、新しく届いた商品を奥に詰めるとき、今並んでいる商品をどけて戻すという作業の手間がなくなった。髪の色は自由になり、接客用語は簡略化された。またそれまでレジで会計の最後に押していた「客層ボタン」（これにより顧客データを本部が把握する）もなくなった。

ることもなく、遅れすぎもせず、今の日本を体現しているのはファミリーハートだと思っている。

私はやっぱりファミリーハートを愛している。

開かれたトイレ設計

60代・坊主頭で、ミニスカートにハイヒールを履いた男性の常連さんがいた。彼（彼女？）は買い物前、よく女性用トイレに入る。ある日、匿名の女性から店に電話が入った。「なぜあんな人に女性用トイレ使わせるの。注意しなさいよ」。夫は「私たちは強制できませんので、お困りなら警察にご相談ください」とお断りした。

あとがき――「宿題」の答え

「コンビニ経営*をしていて心から良かったと思えたエピソードを書いてほしい」

というメールを編集者からもらって、それまでスムーズだった私のキーボードを打つ指先はパッタリ止まってしまった。

折しもコロナ第7波の猛威がすごく、連日のようにバイトの学生から、

「濃厚接触者になったので、今夜のバイトからしばらく入れません」

「やはりコロナ陽性になりました。この先、当分入れません」

と、次々連絡が来て、毎日シフトを書き換え、頭を抱える状態が続いていた。

ここ数年間、バイトの管理は店長の小笠原君にお願いしていた（それ以前の20年間は私が担当していた）。小笠原君が辞めてからは私が管理するようになった。

以前は、一人一人に電話をかけての対応だったのが、今はＬＩＮＥという便利なアイテムがあり、グループ一括で連絡できる。第8波、第9波とコロナの猛威

コンビニ経営
適度に体を動かし、フルに頭を使う。毎日多くの人に会い、笑顔を絶やさず接客する。コンビニでの仕事は確実にボケ防止になる。好きな曜日の好きな時間帯に好きなだけ働くパートならば、この仕事はいい。だが、「経営」となると話は違ってくる。

がひどくなるたびにＬＩＮＥを見るのも毎日ドキドキだ。昼夜関係なく、突然、コロナ禍がシフトに襲いかかってくる。

いつ、誰から連絡が来るかわからないので、まるでスマホ依存症のように、ドキドキしつつＬＩＮＥをチェックする。

１便が入ってくる直前の深夜０時半にチェックし、誰からも連絡が入っていないのを確認してホッとし、１便を片付け終わって１時半にもう一度見ると、「熱が出ました。明朝６時からのバイト、入れません」とある。

こんな時間に誰かを捕まえるのは絶対無理だ。このまま私が入り続けることになる。こうして16時間勤務が決まる。

一方、夫は18時間連続で店に入っている。夫の連続勤務日は９年を超え、私も１０５７日に突入した。この先、いったいどこまで続くことやら。私の頭の中は「もう、辞めたい」でいっぱいだ。

「良かったこと」など思いつかない私は、それからというもの編集者からの「宿題」を考え続けていた。そんな気持ちで業務に取り組んでいると、こんな状況下でも、毎日小さな良いことを見つけられた。

冷凍便の運転手さんは、* 白髪の品の良い紳士で、氷や中華まんのダンボール箱の置き方がじつに丁寧だ。音を立てずにきちんと置いてくれるだけではなく、この後の私の検品作業がしやすいように、必ずバーコードを読み取りやすい位置に並べて置いてくれる。

パン便の運転手さんは、40代前半で元気いっぱい。入ってくるときの元気なあいさつと笑顔が素敵だ。彼がハツラツとした声であいさつしながら入ってきてくれると、どんなに忙しくてイライラしていても私もハツラツとあいさつを返し、気分が穏やかになる。こんなことだって、「良いこと」だろう。


「充乃は怠け者で、臆病で、嫌なことがあると、すぐに逃げ出す。立ち向かって、壁を乗り越えようとはしないんだよね」

母はいつもそう嘆いていた。

そんな私が、いまや近所の人や友人から「ほんと働き者だね」とか「よく頑張るね」と褒められる。出不精で、人見知りで、引きこもり系の私が、毎日、人の

運転手さん
1便、2便、3便、常温便、パン便、冷凍便…1日に何人もの運転手さんが店に荷物を届けにきてくれる。サンドイッチやおにぎり、飲料を買っていってくれる方も多い。次々、店から店へと荷物を運ぶのだから、どこの店でも買える。それをわざわざうちの店で買っていってくれると思うと、なんとなく嬉しい。

前に立ち、働くことができている。じつはこれだけでも、「コンビニをやって良かったこと」になるのではないか。

「コンビニ経営をしていて、心から『良かった』と思えたこと」

考えあぐねて、最後に行き着いた。それは本作を刊行できたことだ。これまで30年間の幾多の苦労も本作の制作により吹っ飛んだ。

本を出すことが決まって以来、駐車場にゴミを散らかしている人に「分別して捨ててくださいね」と声をかけると、「誰に口きいてるんだ！　なめてんのか、俺は客だぞ！」と怒鳴られたり、咳をしながらおでんのフタを開けた人に「（おでんは）マスクを着けて開けてくださいね」とお願いしたら、手に持っていた新聞をレジに叩きつけ「こんな店で買い物なんかするか！」とわめかれても（これらはすべて、本作の刊行が決まったあと1カ月のあいだに起こったことだ）、「ネタがまた一つできた*」と思ってやりすごすことができるようになった。

私の両親は、大学の児童文学サークルで出会い、一緒になった。30歳で早世した父は文学者を目指していた。母は父の死後も、県内の児童文学研究会に身を置

ネタがまた一つ
これを書くと確実に店が特定されてしまうから出せないという話がほかにいくつもある。うちの店にかかわらず、コンビニ店では日々さまざまなトラブルが起こっている。ふだんみなさんが行かれるコンビニ店の裏側もきっとそうだ。

き、作品を書き続けた。「いつか自分の作品集を出したい」と願っていたが、40代半ばで自死した。

本を出すのは両親の悲願でもあった。そこからもっとも遠い場所で「商売」をしていた私がそれを実現する。なんということだろう。これ以上の「良かった」は金輪際ありっこない。

2023年7月10日

仁科充乃

仁科充乃◉にしな・よしの
1960年代生まれ。1990年代に夫婦で大手コンビニ「ファミリーハート」のフランチャイズオーナーに。以来、約30年にわたり毎日店舗に立ち続け、もうまもなく3回目の契約更新を控える現役オーナー。2023年7月10日で、1057連勤。

コンビニオーナーぎりぎり日記

二〇二三年　八月二〇日　初版発行
二〇二三年　九月　五日　三刷発行

著　者　仁科充乃
発行者　中野長武
発行所　株式会社三《さん》五《ご》館《かん》シンシャ
〒101-0052
東京都千代田区神田小川町2-8　進盛ビル5F
電話　03-6674-8710
http://www.sangokan.com/

発　売　フォレスト出版株式会社
〒162-0824
東京都新宿区揚場町2-18　白宝ビル7F
電話　03-5229-5750
https://www.forestpub.co.jp/

印刷・製本　中央精版印刷株式会社

ISBN978-4-86680-932-8

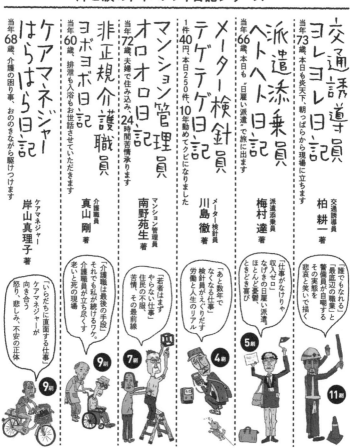

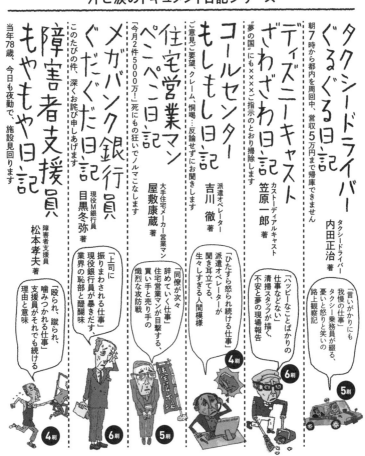